公明党はおもしろい

夜回り先生
水谷修

第三文明社

はじめに

いま、日本だけではなく、世界が大変なことになっています。

まず、自然環境が危機的状況です。十八世紀の後半から始まった産業革命、そして、その後の文明の発達の中で私たち人類は自然環境を破壊《はかい》し続けてきました。それも、「考えられないほど加速度的に」です。そしていま、限界を迎《むか》えています。私たちの母なる星・地球は悲鳴をあげています。地球の温暖化、砂漠化、異常気象、それに伴《ともな》う食糧危機。このままでは、そう遠くない未来に、私たちの子孫《しそん》は、この地球で生存することができなくなってしまいます。

　世界経済を見ても、世界全体がいままでのように発展していく余地《よち》はすでにありません。かぎられた富《とみ》の中で、それぞれの国、一人ひとりの人間が満足し、富を分け合って生きていくのか。それとも国と国、人と人とが、かぎられた富を奪《うば》い合うのか。そんな状況になりつつあります。すでに、グローバル経済は破綻《はたん》しています。

　こうした中で、一九四五年八月十五日から何とか維持《いじ》できていた平和の基盤が壊《こわ》れつつあります（一部で地域的な紛争《ふんそう》はありましたが……）。二〇二二年、ロシアによるウクライナ侵攻《しんこう》から始まった戦争は、このまま続いていけば、第三次世界大戦の引き金にもなりかねない危機的な状態です。しかも、ロシアは禁断《きんだん》の殺人兵器・核の使用すらしかねません。アジアに目を向けると、北朝鮮による核開発、そして長距離ミサイルや大陸間弾道《だんどう》ミサイルの開発、一触即発《いっしょくそくはつ》の状態です。

日本国内に目を向ければ、環境問題やグローバル経済終焉《しゅうえん》後の国の在り方を語る政治家は、ほとんどいません。現在の状況に振り回され、一喜一憂《いっきいちゆう》し、その場かぎりの、それどころか、自分やその支持団体の現在の利益のみを追求する政治家がほとんどです。世界平和についても、「こんな状況だからこそ、対話の中で世界平和をめざそう」という試《こころ》みは、ほとんど為《な》されていません。あろうことか、一部の先鋭化《せんえいか》した政治家たちは、このときとばかりに、憲法を改正して自衛隊を国軍とし、武装強化して、武力の抑止力《よくしりょく》によって平和を維持しようとしています。

忘れてはいけません。戦争が始まれば、だれが命を失うのでしょうか。かつての戦争のとき、この国を戦争へと導《みちび》いた政治家たちは、一人でも戦場で死にましたか。戦争によって多くの財を手に入れた資本家たちはどうですか。官僚《かんりょう》たちはどうですか。結局、戦争によって命を失うのは、弱い立場の人間です。私たちの大切な若者や子どもたちなのです。

国内の経済状況を見ても、今世紀に入って以降、かつてこの国を支えていた「分厚《ぶあつ》い中流」と呼ばれ、安定した生活を送っていた人たちは、どんどん崩《くず》されていっています。裕福な人たちが、さらに裕福になっていく反面、日々の生活に困る人たちの数が増えてきています。貧困の中で進学することもできず、明日をつくることのできない子どもたち。この国の現在のために長い年月働いてきたにもかかわらず、その日の暮らしに困る人たち。明日を見失い、心を病《や》む人たちが加速度的に増えています。

私の専門である教育に目を向けると、不登校の子どもたちの急増、いじめに苦しむ子どもたち、自ら命を絶《た》つ子どもたちが急激に増えています。それにもかかわらず、哀《かな》しいことに、この問題に真剣に目を向け、取り組もうとする政治家は多くありません。「本人の努力が足《た》りないから」「弱いから」と、斬《き》り捨てようとする政治家や言論人までいます。

子どもたちは社会の鏡です。その社会がつくり出したひずみをいち早く感じ、それを受け止め、自らの生き方の中で表《あらわ》していますす。私たちの社会に問題がなければ、子どもたちの問題など起きないのです。そのことに、気づいている政治家や専門家もほとんどいません。

この混乱に乗《じょう》じて、それを自分たちのためにうまく利用しようとする人たちが表に出てきました。インターネットやSNS（ソーシャル・ネットワーキング・サービス）で、美辞麗句《びじれいく》を並べ、他の政党や個人を無責任に批判し、票を集めていく。すでにこのような大衆に迎合《げいごう》するポピュリズム政党がいくつかの議席を握《にぎ》っています。創造を伴わない批判は破壊しか生みません。よりよい明日をつくるためのビジョンもなく、ただ現状に不満を持っている人たちを煽《あお》り、そして、票を集める。このような政党を認めてもいいのでしょうか。現状の混乱をさらに悪化させるだけではないのでしょうか。

こうした現在の状況の中で、公明党は常にいま、ここにある問題の解決のために動き続けています。公明党「チーム３０００」の仲間たちは、立党の精神である「大衆とともに語り、大衆とともに戦い、大衆の中に死んでいく」との信念のもと、問題を抱《かか》えた人たちに常に寄り添ってきました。そして、その人たちを救うために、一つひとつの問題に真摯《しんし》に向き合い、その解決を図ってきました。多くの人たちが、また、私や私のかかわった子どもたちが救われてきました。

すでに、私が公明党「チーム３０００」の仲間たちとともに活動を始めて二十年の月日が流れました。この間、数多くの子どもたちを助けてもらい、子どもたちのための政策を実現してもらいました。感謝です。

それにもかかわらず、二〇二一年の東京都議選まで、私は全力をあげて公明党の選挙応援に入ることはありませんでした。個別で何人かの議員の応援をしたことはありましたが……。

それには、理由がありました。

私は、かつては高等学校、その後は大学の教員でした。また、テレビに出演し、新聞にも連載を持つ言論人でもありました。そのような立場の人間が、ある一つの政党を支持し、応援することは命取りになります。政党色のついた人間は、マスコミにも、教育機関にも嫌《きら》われますから。それを恐《おそ》れていたわけではありませんが、少なくても「いざこざを起こしたくない」と考えていました。保身からかもしれません。いまから思えば、卑怯《ひきょう》でした。

そんな私が、命をかけて公明党を応援するしかなくなりました。その理由は簡単です。この国の明日、この国の人たちの明日、私にとって命より大切な子どもたちの明日を、悲惨なものにしてしまうのか、それとも幸せなものとするのか。そのカギを握っているのは、現在、公明党だけだからです。

結党以来、常に一人ひとりに寄り添ってきた公明党は「教育・福祉・平和」を党の三本の柱としてきました。いま、まさにこの混沌《こんとん》とした中で、この国に求められているのは、この公明党の力です。とくに、この国を平和な国とするのか、それとも、憲法を改正して、かつてのように戦う国にするのか。

私は、公明党との長い付き合いの中で知っています。公明党の議員が、一人増えることは、この国で忘れ去られた多くの人たちの幸せにつながり、多くの子どもたちの命を守ることになることを。そして、この国の平和に、いや、この国だけではなく世界の平和につながることを。

公明党、実におもしろい政党です。世界で唯一無二《ゆいいつむに》、政権を取ることや権力を手にすることを求めず、常に人々とともに明日の日本や世界の在り方を考え、ともにつくろうとする。

　ぜひ、多くの人に公明党の真の姿を知っていただきたいと考えます。

水谷 修

目次

Ⅱ　公明党の誕生理由

Ⅲ　公明党との出合い

Ⅳ　公明党はおもしろい

Ⅴ　コロナ禍における公明党

Ⅵ 明日の公明党

※本文中の肩書・年齢等は執筆時点のものです。

カバーデザイン／藤原光寿
本文デザイン／安藤 聡
写真撮影／手島雅弘（カバー・プロフィール）
写真協力／公明党機関紙委員会（P66、P124、P151、P156）
時事通信フォト（P17、P28、P59）
PIXTA（P137、P140、P145）
編集協力／西村宏子
編集ディレクション／朝川桂子

I
私の自分史

左翼活動家の両親

まずは、私のことを話しましょう。

私は、一九五六年に横浜で生まれました。父は大学の教員、母は小学校の教員でした。ともに共産党系の組織（左翼《さよく》）に入って活動をし、その同志的結合で結婚して生まれたのが私です。

父は戦争中、東京高等師範学校（現在の筑波大学）に通っているときに学徒動員で海軍に入り、重巡洋艦《じゅうじゅんようかん》「愛宕《あたご》」という船に少尉待遇《しょういたいぐう》で乗っていたそうです。レイテ沖で沈没《ちんぼつ》してから四十八時間（二日間）、駆逐《くちく》艦《かん》に助けてもらうまで海で漂流《ひょうりゅう》し、その間に仲間がサメに食われて沈《しず》んでいく。そういう地獄のような中で生き残り、戦後、日本帝国主義が解体され、民主化していく流れの中で左翼活動に入った人間です。

山形県出身の母は、山形師範学校（現在の山形大学）を出てから横浜で教員をやっており、左翼活動の中で父と知り合って私が生まれました。でも、その父は過激《かげき》な活動をして指名手配され、私が三歳のときに失踪《しっそう》していています（その後、生きていたことを知ったのですが……）。父がいなくなり、母一人では幼い私を育てることができず、私は山形の田舎《いなか》にいた母方の祖父母に

山形大学教育学部の前身となった山形師範学校は明治以降、多くの教育者を輩出。山形市にある「旧山形師範学校本館」は現在、国指定重要文化財となっている。©時事

預けられました。

明治生まれの祖父母

私の祖父は非常におもしろい人で、元々は兵庫県（現在の宍粟《しそう》市山崎町）の出身です。尋常《じんじょう》高等小学校を卒業後、大阪の船場《せんば》にあった「藤井忠兵衛《ちゅうべえ》商店」に勤めました。

二十代のころ、赤ダイヤ（小豆）、白ダイヤ（砂糖）の先物取引で巨額の財を成し、それを資金として、第一次世界大戦後、日本の委任統治《とうち》領《りょう》となった南洋諸島に「南洋貿易 水谷商店」をつくりました。サイパン島、ヤップ島、パラオ諸島、ヤルート島に商店を構え、カツオの缶詰や、石鹸《せっけん》の材料となるコプラ栽培など日本との貿易で、さらに多くの財を成しました。その南洋諸島で生まれた私の母は、日本に帰ってくるとき、当時、できたばかりの大日本航空の飛行機でサイパンから羽田に着いたという話を聞いたことがあります。

祖父は、日本の多くの若者たちに、「南洋には夢がある」と熱く語り、数千人の若者たちを南洋諸島に呼びました。しかし、戦争が始まり、戦況が悪化する中、サイパン島で最後の避難船群が組織されました。現在、横浜港に係留《けいりゅう》されている「氷川丸《ひかわまる》」を中心として、数隻の貨物船が用意され、その中に、祖父の最後の持ち船だった「大徳丸《だいとくまる》」も加わりました。軍の命令で、乗船できたのは女性と子どものみ。祖父は船長として大徳丸に乗りましたが、社員の若者たちや、息子（母の兄）は乗船できませんでした。

日本へと航行する中、一隻また一隻と潜水艦によって撃沈《げきちん》され、無事に神戸港に着くことができたのは、氷川丸一隻だけ。最後まで追走した大徳丸は、神戸港沖三キロメートルで潜水艦の魚雷《ぎょらい》により沈没しましたが、祖父をはじめ、多くの乗船者は助かりました。

一方、サイパン島に残った人たちの多くは、アメリカ軍の上陸作戦によって戦死、または集団自決していきました。責任を感じた祖父は戦後、自らのすべての資産を整理し、連れて帰ることができなかった社員の家族に配りました。そして、自らは無一文《むいちもん》で、山形の掘《ほ》っ立て小屋のような小さな家に籠《こも》り、贖罪《しょくざい》の日々を過ごしました。

祖母は、山形県東置賜《ひがしおきたま》郡漆山《うるしやま》村（現在の南陽市漆山）に生まれ、秋田の日本赤十字社救護看護婦養成所を卒業後、東京・中野の陸軍病院に看護婦（現在の看護師）として勤務しました。そこで担当したのが、後に総理大臣となり、五・一五事件（海軍青年将校たちによるクーデター未遂事件）で暗殺された、犬養毅《いぬかいつよし》議員でした。犬養氏から「おもしろい男がいる」と紹介されたのが、祖父でした。犬養夫妻に仲人《なこうど》をしていただいて結婚したそうです。

祖父はちょうど日清戦争の年に生まれ、祖母は日露戦争の年に生まれました。二人とも明治の人間ですから、すごく厳しい人たちでした。

祖父との強烈《きょうれつ》な思い出があります。

私が小学校に入る前まで、祖父母は必ずトイレまでついてきてくれました。何しろ、トイレは家の外にありましたから。小学校に入ってからは、一人で行くことになりました。私が、「トイレに行くのが怖《こわ》い」と言うと、祖父はそのまま私を近くのお寺の墓地《ぼち》に連れて行き、墓の前の木に縛《しば》り付けたのです。「ここで一晩耐《た》えろ！」と放《ほう》り出された私は一晩中、「おじいちゃんのバカ！」と叫《さけ》び続けていました。

祖父母が常に、私に言っていたことばがあります。それは、「中途半端はゼロ」でした。

私は、その祖父母のところで暮らしました。本当に貧しい生活でした。掘っ立て小屋ですから、雪が降った日の朝は、隙間《すきま》から家の中に入ってきた雪を掃《は》くような生活。三度のごはんも、白い米なんて正月ぐらいしか食べたことがありません。安い麦を入れて麦が二割。春になってくると麦の量が増えていき、梅雨《つゆ》の終わるころになると、米が尽《つ》きてしまう。それからは、安い小麦粉を練《ね》って味噌汁に入れるすいとんを食べて生きるような貧しい暮らしでした。

でも、温かい生活でした。残り少ない食べ物を、「修《おさむ》は、もっと大きくならなくては」と、私にはいつも多く盛り付けてくれました。私も、「もうお腹《なか》がいっぱい」と、祖父に戻していました。貧しいが故《ゆえ》の、思いやりに満ちた幸せな人生の思い出です。

そんな貧しさの中で私を支え、「勉強はいいぞ。金持ちだから（勉強が）できる、貧乏人だから（勉強が）できないということはない。勉強には差別がない。勉強ができれば仕事もできる。そうすれば、お前の明日も広がるんだ」と、いつも勉強を教えてくれていたのは祖父母でした。

左翼活動家へ

小学校六年生になる直前、母が横浜に小さな家を建ててくれて、私は祖父母とともに横浜へと戻ってきました。その後の母や祖父母との生活の中で、私はもろに母の影響を受けてしまったのです。

母は当時、共産党系の組織の活動をしていて、日曜日になると、日本が朝鮮半島を支配したときに無理やり連れてこられた在日朝鮮人の方々の集落を回って生活支援をしていました。母は教員だったので、豊かな家庭からもらった洋服を集めては、そこに配ったりしていました。

私が中学一年生になったとき、母から「お前、先生をやりなさい」と言われ、何の先生をやるのかと思ったら、識字《しきじ》教室でした。戦争の混乱期に朝鮮半島から日本に連れてこられて、学校も出ていないから字が書けない、読めない。そういう方々が本当にたくさんおられて、私が勉強を教えることになったのです。「あいうえお」から覚えてもらって、ちち（アボジ）、はは（オモニ）と書いていたときに、みんなポロポロ涙を流すのです。

「朝鮮にいたうちのお父さんはどうしているかな？」「お母さんは一人でどうしているかな？」って思い出して泣くのです。

いまでも覚えているのは、夏休みに「自分の家族に手紙を書こう」と、母がみんなのためにハガキを用意した。ただ、ひらがなで住所を書くのが嫌《いや》だったのでしょう。

「自分の子どもに恥《は》ずかしい思いをさせる」「郵便局の人がひらがなで書かれた住所を見たら、この家族はどういう人間かとバカにされる。だから、住所だけは水谷先生に書いてほしい」と言われました。

そこで、住所だけ私が書いて投函《とうかん》しました。すると、翌週の授業のときには「届いた!」って、もう大喜びです。「お父さん、お母さんも字が書けるようになったんだね」って(子どもたちに)褒《ほ》められたって。

秋からは漢字にも挑戦しました。山や川という漢字を教えると、「山っていいね。何か本当に山みたいだ」「川も本当に川が流れているみたいだ」って。象形《しょうけい》文字ですから、自分の故郷《ふるさと》を思い出すのでしょう。

こうした生活の中で、母と一緒に貧しい人たちの救済活動をしているうちに、だんだん私は世の中の矛盾《むじゅん》に腹《はら》が立って仕方なくなりました。金持ちは豊かな生活ができて、その一方で、貧しい人たちはどんなに頑張っても、食べるのがやっとです。当時、朝鮮人の集落の方々がやっていた仕事は、主にごみ拾《ひろ》いです。多くの方々がごみを拾ってきて、それを分別して、金属などを売って生活をしていた。トイレは共同、お風呂のない家庭だってたくさんある。

「結局、金持ちがお金を全部、自分の懐《ふところ》に入れてしまうから、こうした貧困が生まれるんだ。それが許せない！」と、私自身も共産主義思想に傾倒《けいとう》していきました。

ちょうどそのころ、私が中学一年生のときが一九七〇年。まさに安保闘争（日米安全保障条約の延長反対）の最中《さなか》でした。中学生でそうした活動に入った私は一躍有名になり、そのまま共産主義系セクトの高校生幹部となりました。

しかし、日本社会党や日本共産党の革新勢力が主導して戦った安保闘争は、まったく勝ち目のない戦いでした。多くの国民、つまり大衆がついてきませんでした。安保延長が認められ、その後、高校紛争《ふんそう》が始まりました。多くの活動家がどんどん高校に入ってきて、制服の廃止、校則や髪の色の自由化、自主ゼミの開設などを訴えましたが、ほとんど教員や教育委員会、文部省（当時）に抑《おさ》え込《こ》まれ、私が高校に入ったころは、もう学生運動は停滞《ていたい》し、滅《ほろ》びていく時期でした。仲間たちが滅びる組織というのは先鋭化《せんえいか》していきます。全学連は解体していき、革マル派や中核派が組織され、より過激な活動へと向かっていきました。

一方で、過激になればなるほど、一般の高校生たちはついてきません。

東京大学の入試がなくなった事件（一九六九年）などが起こる中で、それまで「そういう考え方もあるよな」と、我々の活動を認めてくれていた人たちが、「お前たち、自由化とかやめてくれ」「俺たちは勉強したいんだ。お前たちは何で邪魔《じゃま》するんだ」と、我々に背を向けるようになりました。

我々、活動をしている人間は、「お前たちは自分のことしか考

東京大学では授業再開粉砕を叫ぶ全共闘（非共産党系）の学生が投石し、法文１号館に立てこもる共産党系列の学生と衝突するなど、内ゲバが激化していた。（1969 年 7 月）© 時事

えてない。世の中には、本当に貧しさで苦しんでいる人、虐《しいた》げられている人たちがたくさんいる。その人たちのことをなぜ、考えないんだ」と反論し、ぶつかり合いになったりもしました。でも、当時は「社会改革よりも、自分たちはいま、勉強したいんだ」という勢力のほうが強く、そんな中で（共産主義系セクトの）先輩・仲間が四人自殺しました。

結局、耐えられなかったのです。自分たちは一生懸命、社会を変えようと思ってやっているのに、相手にもされない。そんな苦しみの中で、私も「活動自体、意味がないのではないか」と思うようになりました。

社会主義と共産主義

資本主義とは、資本家、つまり生産手段である土地や会社や工場などの資本を持っている人間が、その資本を使って稼《かせ》ぐ。資本を持っていない労働者は、自分の体や時間を使った労働によって賃金をもらうことで生きていく。そういうシステムです。

当然、資本家はより多くの利益を手にしようとしますから、労働者を安い賃金で、しかも長時間労働などの劣悪《れつあく》な条件で使おうとします。ここに、「資本家 VS 労働者」という対立構造が生まれ、労働者の搾取《さくしゅ》問題が生じ、紛争が起きるようになります。

資本主義という経済形態は認めるけれど、労働者の立場に寄り添い、その生活を守るためには、資本家に対して一定の圧力をかけ、自由競争の抑制《よくせい》と富《とみ》の再分配を行う政策を行い、より平等な国をつくるべきだというのが社会主義です。自由競争の中でも、国がある程度、経済を統制・管理しながら、できるかぎり、みんなで平等につくり上げた富を分け合うという考え方です。

それに対して、マルクス・レーニン主義における共産主義の考え方は、すべての資本、つまり土地や会社、工場、農地などの生産手段を国営化し、そこで生み出された富を国家が管理し、国民全体で平等に分配するという考え方です。私はいまでも、経済学理論としては、これ以上の理論はないと考えています。ただし、絶対に成功しない理論であることもわかっています。

第二次世界大戦後、唯一《ゆいいつ》の共産主義国家・ソビエト連邦（当時）の影響のもと、東ヨーロッパの国々をはじめ、中国、ベトナム、キューバなど多くの共産主義国家が生まれました。しかし、現在も完全な共産主義国家として残っているのは、キューバのみです。ソ連や東ヨーロッパの国々は資本主義化し、中国やベトナムも、経済体制では資本主義国です。

どうして共産主義は崩壊《ほうかい》してしまったのか。理由は簡単です。人間には欲望があるからです。

「他の人よりいい生活をしたい」

「他の人と同じ生活はしたくない」

その欲望が共産主義を滅ぼしました。また、共産主義各国では、国民の欲望を抑えるために権力を共産党に集中させ、一党独裁の中で厳しく国民を管理しました。それが、多くの国民の反感を買ったという側面もあります。

「資本主義になれば、金持ちはどんどん金持ちになっていってしまう。自由経済では、必ず落ちこぼれさせられる人たちが出てしまう。だからこそ、貧しい人たちを守るためにも、日本を社会主義あるいは共産主義体制の国にしなくてはならない」——これが、戦後の左翼思想でした。

左翼活動からの離脱

しかし、ちょうど私が学生運動に飲み込まれた時期、日本は高度経済成長の時期を迎えました。国自体が豊かになり、国民生活も日々、潤《うるお》っていきました。そのような中で、「自分たちは労働者でいい」「ある程度、恵まれた生活ができればいい」といった考え方が国民の中に広がり、左翼の活動はこの国の表舞台から去らざるを得なくなりました。同時に、私自身も、「イデオロギーによって体制を変えるのではなく、人間が変わらないかぎり、ダメになる」と感じるようになりました。

たとえば、資本家の金持ちが「このお金は国民が一生懸命、労働しているおかげで稼げたものだから、給料としてみんなにあげましょう」、労働者の側も「自分は役職が上だとかじゃなくて、みんな同じ時間、労働しているから、みんなで平等に分け与えましょう」というように、人間が変われば国は変わる。だったら、別に体制を共産主義や社会主義にしなくてもいいじゃないか。資本主義であれ、社会主義であれ、人間が変わればいいという結論に行き着いたのです。

それでは、人間を変えるにはどうしたらいいのか。

「自分は高校の教員になろう。教育からこの国を変えていくべきだし、自分はそういう生き方をしたい」

こうして私は共産主義活動から撤退《てったい》しました。しかし、このとき、私は組織の幹部だったので粛清《しゅくせい》されました。木の椅子《いす》に針金で縛りつけられて袋叩《ふくろだた》きに遭《あ》い、肋骨《ろっこつ》が七本ぐらい折れたんじゃないかと思います。殺されるかと思ったけど、殺されなかった。

いまでも思い出します。朝方、体育館の裏の倉庫から解放され、外へ出て空を見上げると、太陽がきれいでした。うれしかったです。

それまではデモなどの集会があっても、私は幹部でしたから「行くな。お前は表に出ず、裏で組織を守らなくてはいけない」と言われ、その代わり、中学校を卒業して就職し、働きながら定時制に通っている勤労青少年をフロント（前戦）に出していました。

「お前らがデモをやれ。お前らは捕《つか》まってもいい」と。

私はそれが嫌でした。率先《そっせん》して彼らと一緒にデモをやって、何度も警察に捕まりました。そういうことから、やっと自由になれたという喜びでいっぱいでした。

カトリック信仰の道へ

しかし、それとともに（共産主義系セクトで）一緒に活動した四人の先輩・仲間が死んでいます（二九ページで言及）。その重さが心に響《ひび》いて、「自分は亡くなった人たちにどう償《つぐな》えるのか」という思いを抱《かか》えていました。

そんなとき、横浜・山手の通りを歩いていたら十字架が見えました。カトリック山手教会でした。まるで、悩める私を待ち受けてくれていたようでした。そして、この教会で出会った神父の犬飼政一《いぬかいまさいち》師の影響を受け、カトリックの信仰に入っていきました。権力者や権力を憎《にく》み、それに戦いを挑《いど》んでいく。そんな日々から解放され、ただ、人のために祈り生きる。心が荒《すさ》んでいた当時の私にとって、夢のようなときでした。

その後、私はカトリック系の上智大学に進学し、神父になろうと考えてドイツに留学しました。

カトリックのミサはすごく荘厳《そうごん》です。たとえば、クリスマスミサのとき、神父は歴史的にも価値がある金糸銀糸にプラチナまで使った司祭服《しさいふく》を着ます。一着が一億~二億円もするものもある。そのお金をだれが出しているかといえば、世界じゅうの本当に貧しい人たちが自分の来世のため、救いのために献金《けんきん》したものです。なぜ、そんなものにお金を使う必要があるのか。私は納得できなくて、ドイツで神父に直訴《じきそ》したことがあります。

「そんなものは要《い》らない。それを売り払って、南米にもアフリカにもたくさんいる本当に貧しい信者たちのために使うべきじゃないのか」

「あなたは、いまの価値観でしか物事を考えていない。人間にとって、お金はそれほど大切なものですか。いまがそんなに大切なものですか。献金する人たちは、自分が食べるため、あるいは遊ぶために使うお金よりも、この服の中で神とのつながりを強めることを望んでいるのです」

私はこのことばを聞いて、「これはダメだ。少なくても私はついていくことはできない」と、すぐにカトリック教会から離れて、ヨーロッパ放浪《ほうろう》の旅に出ました。

高校の社会科教員として

その後、日本に戻ってきて、高校教員の道を歩み始めました。

最初は、横浜にある商業高校（女子校）に勤め、三年生の副担任をしました。一年目の卒業式（三月三日）を控《ひか》えた三月二日の夜〇時半ごろ、クラスの女子生徒から家に電話がありました。

「先生、助けて！」

「どうした？」

「アメリカ兵に厚木《あつぎ》でモーテルに連れ込まれた。○○ちゃんもいる」

「わかった。警察が来るまで、お前たちはトイレでもどこでもカギのあるところに行って、カギをかけてひたすら入り口を守れ」

すぐに厚木警察署に電話して、モーテルの名前と部屋番号を伝えると、私も急いで車を飛ばして警察署へと向かいました。警察官は、きちんと二人を保護し、彼女たちを連れ込んだアメリカ兵二人も警察署に連れてこられていました。

ご存じのとおり、アメリカの兵士は現行犯でも、なかなか日本の警察が取り締まることができず、アメリカ軍のＭＰ（ミリタリーポリス）

が対応します。警察署に来たMPは「これは売春《ばいしゅん》だ。あの女の子たちが誘った」などと、アメリカ兵を不問に付すようなことを言いました。私は、「そんなわけはない。しかも高校の制服を着ているんだぞ！　高校生だとわかっていて、未成年だとわかっていて、乱暴しようとホテルに連れ込む。それ自体が違法行為じゃないか！」と言い合いになりました。警察官たちに止められなかったら、殴《なぐ》り合いになっていたと思います。

その後、MPは警察官に暴言を吐《は》きながら、二人の兵士を基地《きち》へと連れて帰りました。それを阻止《そし》する警察官はいませんでした。当時は、そんな時代でした。

私は、生徒の親を呼んで引き渡し、すぐに校長に電話で報告しました。「こういうことがありましたけど、無事に二人を保護して帰らせましたから」と。

翌日（三月二日）は卒業式の前日で、朝から全校での予行練習が予定されていました。ところが、それが中止になり、生徒を帰宅させ、緊急の職員会議が開かれることになりました。何か嫌な予感がしました。

副校長から、「昨日の夜、本校の三年生の生徒二人が元町で遊んでいてアメリカ軍の兵士に捕まり、モーテルに連れ込まれた。そして、厚木警察署に保護された。この二人は学校の名誉を汚《けが》したので退学処分を検討する」という議案が出されたのです。

私が、「ちょっと待ってほしい。それは違うでしょう。この子たちは被害者ではないですか」と言っても、「だいたい夜、元町で遊んでいること自体、この学校の生徒として許されないことだ」と反論されます。「それはないだろう。じゃあ、彼女たちが私に助けを求めないで、その場で乱暴されていたら、（学校は）何にも知らないで、そのままになっていたはずだ」

　こうして激しく意見がぶつかり合いました。私の言い分に賛同してくれた教員もたくさんいました。でも、結局のところ多数決になって、二票差で、その二人の生徒の退学処分が可決されました。

　社会科室で途方《とほう》に暮れていると、私の上司にあたる学科長の先生がやってきて、こう言ったのです。

「水谷、悔《くや》しいか」

「悔しいです」

「じゃあ、お前、教員生命を賭《か》けるか」

「賭けます」

「一つだけ方法があるぞ。退学は職員会議の決定ではなく、校長の専権《せんけん》事項《じこう》だ。だから、校長が卒業させると言えば卒業させられるぞ」

私は、「いい手を教わったな」と思い、すぐに校長室に行き、「神奈川新聞に先輩がいる。今日の会議の内容をすべて伝えて記事にしてもらう。いまから電話する。それが嫌なら彼女たちを卒業させてくれないか」と直談判《じかだんぱん》しました。

「お前、校長を脅《おど》す気か」

「はい」

「じゃあ、お前にはうちの学校から出て行ってもらう」

「はい。いいですよ」

こうして、その場で異動希望調査票に名前だけ記入させられ、私は強制異動となったのです。

実は、この出来事には後日談があります。

後年、横須賀のある小学校に講演に行ったら、校長室に一人の女性が来て、私に抱《だ》きついてきて泣くのです。

「どうしたの？」

「先生、覚《おぼ》えていませんか？　○○です」

名前を言われて思い出しました。

「あっ、そうか！　商業高校で副担任をしていたときの、あの……」

「担任の先生から、水谷先生は私たちを守るために異動させられたって聞きました」

彼女は現在、子どももいて、あれからいろいろあったけど幸せに暮らしていて、もう一人の子とも、いまだに連絡を取り合っているそうです。それを聞いて、私は、安心しました。

養護学校高等部に赴任

こうして三月末に決まった異動先は養護学校高等部（現在の特別支援学校）でした。重度障がいや肢体《したい》不自由の子どもたちが通う学校です。

私自身がやりたかった仕事というのは、子どもたちに社会科の教育を通して、この国のあるべき姿や貧しい人たちの本当の姿、その人たちのために子どもたちに何ができるのか、何をしなくてはならないのかを、きちんと教えることでした。

でも、養護学校でのメインの仕事は、重い障がいを持った子のおむつを替えたり、お尻を洗ったり、訓練（手や足が固まらないように動かしてあげる）をしたり、あるいは職業教育（私は窯業《ようぎょう》を担当）として陶芸《とうげい》を教えたりすることで、勉強なんて何もないわけです。

「自分は何をやっているのだろう。これでは、自分の夢が果たせない」

私はふてくされて、四月から嫌々、仕事をしていました。

そんな六月のある日。重い障がいを持った生徒がウンチを漏《も》らしました。光もわからない、耳も聴こえない子です。シャワールームでお尻をきれいに洗ってあげてから、新しいおむつをつけて、新しい服を着せるのですが、嫌々やっていますから、シャワーが温まるのも確認せずに、いきなりお尻に水をかけてしまいました。

すると、その子が「ギャー！」と叫《さけ》びました。無理もありません。ふいに冷《つめ》たい水をお尻にかけられたのですから。その瞬間、先輩の先生が飛んできて、胸ぐらをつかまれ、思いっきり殴られたのです。私の態度を見ていて「何かやらかしそうだ」と、様子を気にしていたのでしょう。

私はいまでも、そのときに言われたことが忘れられません。

「水谷、彼がお前に何か悪いことをやったか？　なんでお前はそんなことをするんだ！　彼にはお前しかいないじゃないか。お前は何様のつもりだ。教員様か。我々教員は生徒が求めていることに応《こた》えるのが仕事なんじゃないのか。お前は根本的に間違えているぞ！」

こう怒鳴《どな》られて、私は目が覚《さ》めました。

「上段に構えて何かを教えるのではなく、本当にそのとき、子どもたちが求めているものにちゃんと応えて、子どもたちとともに学び合い、子どもたちの明日につながる教育をすることこそが教員の道なのだ」と思い直し、それから人生が変わりました。

以来五年間、私はそこで充実した日々を過ごしていました。

人生の転機となった友とのケンカ

そんなある日。商業高校にいたときの先輩教員から連絡がありました。あの事件のとき、学科長で私に入れ知恵をしてくれた先生は、進学校の校長になっていました。私のことを忘れてはいなかったのです。「社会科教員で一人だけ欠員が出た。君には申し訳ないことをしたと思っている。ぜひ、戻ってきてくれないか」と。

どうしようか悩みました。養護学校には本当にかわいがっていた子どもたちがいて、私はそのまま、その職場で一生を終えるつもりでした。でも、「いろいろな教育をやってみるのもいいかもしれない。進学校というのもおもしろそうだ」とも思い、行くことにしました。

高校では、吹奏楽部や剣道部の顧問をし、本当に楽しい日々でした。

でもそんな中、ある事件が起きたのです。

いまから三十三年前（一九九〇年）の十二月。全日制高校に勤めて四年目、三年生の担任をしていた冬でした。都内で夜間定時制高校の教員をしている大学時代の友人から昼休みに電話がかかってきました。

「水谷、俺はもう我慢《がまん》できない。こんなの学校じゃない。辞《や》めてやる」

「おい、どうしたんだ？　夏に結婚して、来年には子どもが生まれるんだろう？　いま教員を辞めたら、どうやって生きていく？　何があった？　よし！　今日、部活動を八時で終わらせて電車に飛び乗って、何とか九時までには、お前の学校の近くのあの寿司屋に行く。お前も九時に生徒を帰らせたらすぐ来い。話を聞くから、絶対にやけを起こすなよ」

寿司屋で待っていると、まもなく彼が現《あらわ》れました。刺身《さしみ》の盛り合わせに生ビール。その刺身の盛り合わせを見た瞬間、彼はこう言ったのです。

「おい、水谷。寿司だってネタを選ぶよな。腐《くさ》った魚で旨《うま》い寿司ができるか？　俺たち教員だってそうだろ？　お前はいいさ。横浜一まじめでも優秀な生徒を相手に、そりゃあ、いい授業、いい教育ができるだろう。でもな、俺は夜間定時制高校。何のために学校に入ってきたのか。暴力か、ナンパか。そんな腐った生徒を相手に、いい教育はできん」

その瞬間、私はキレました。

「おい、いい加減にしろ！　お前、間違ってる。腐った生徒、腐った子どもなんているか？　思い出せ。どんな赤ちゃんもオギャー、オギャーと泣きながら生まれてきたとき、一生懸命、目を開《あ》けようとしながら、〈幸せにしてね。幸せになりたい〉と、真っ白な心で生まれてきたはずだ。だれがその子どもたちを腐らせた？　俺たち大人、大人のつくった社会だろう。その子どもたちを生き返らせるのが、我々教員の仕事なんじゃないか？」

「やってもいないお前に言われたくない」

「じゃあ、俺が行く。お前は教員を辞めろ！」

こうして翌年（一九九一年）春、私は夜間定時制高校に着任しました。

夜回り先生の誕生

戦後、高校進学率が一～二割のころ、七～八割の子どもたちは「金《きん》の卵」と呼ばれ、中学校を卒業すると、中卒労働者として京浜《けいひん》工業地帯や阪神《はんしん》、あるいは北九州工業地帯といった都市部に運ばれて行きました。その子たちだって本当は勉強したかった。でも金がなくて進学できない。

その子たちのためにつくられたのが夜間定時制高校です。

それが一九七〇年代以降になると、高校進学率が六〜八割となり、夜間定時制高校は使命を終えたはずでした。でも、新しい使命が生まれたのです。中学校で落ちこぼれさせられた子どもたちや問題を起こした子どもたちの最後の教育の砦《とりで》になりました。

しかし、当時の夜間定時制高校は砦にならないほど、めちゃくちゃでした。私が赴任《ふにん》した高校は、横浜市立暴力団養成所といわれたような学校です。全校生徒数八百名、全国最大の公立夜間定時制高校でした。横浜市の暴力団の組員や暴走族、犯罪を犯した人間の多くが、そこの卒業生あるいは中退という学校でした。とても授業にならないので、「ともかく、彼らと人間関係をつくらなくては……」と始めたのが夜回りです。

彼らの居場所である横浜じゅうの夜の街を毎晩のように回って、子どもたちの話を聞きました。「生徒が渋谷に家出した」と聞けば渋谷に行き、「新宿に売られた」と聞けば新宿に行きました。私がいるかぎり、犯罪に巻《ま》き込まれることもないし、犯罪を犯すこともない。

やがて、私は有名になり、全国を講演で回るようになりました。北は北海道稚内《わっかない》から南は対馬《つしま》・石垣《いしがき》まで、主だった都市で夜回りをしていない街は一カ所もありません。

私は、もうすでに全国で五千四百回近い講演会をやっています。延《の》べ三百二十万人以上が私の話を聞いてくれ、夜眠らない子どもたち、夜眠らずに悪さをする子どもたちの多くを昼の世界に戻してきました。

また、いまから二十二年前の二〇〇一年には、心を病《や》み、リストカットやOD《オーバードーズ》（市販薬・処方薬の過剰摂取《かじょうせっしゅ》）を繰り返し、死へと向かう、夜眠れない子どもたちの存在に気づきました。

そして、二〇〇四年二月には水谷青少年問題研究所を開設し、その電話番号とメールアドレスを、あらゆるメディアで一斉に公開しました。そして、今日に至るまで毎晩、相談してくる子どもたちの悲鳴に向き合っています。

夜回り先生の名付け親

一つ、おもしろい話を付け加えておきます。

一九九七年のことだったと思います。

ある日、〈私が毎晩、夜の街を回って子どもたちに声をかけている〉という話を警察官から聞いたという一人の若い新聞記者が、取材をしたいと、私の学校に訪ねてきました。彼の真剣な眼差《まなざ》しに、私はその夜、彼を連れて横浜の街を夜回りしました。

あの夜は、多くの子どもたちに声をかけ、話をしました。そばにいた彼は取材をすることも忘れ、その子どもたちの話に耳を傾《かたむ》け、そして、あまりにも哀《かな》しい話を聞いたときは、目を潤《うる》ませていました。

そのときの私は、まだ彼の記者としての優秀さには気づいていませんでしたが、人間としての心の美しさ、やさしさに感動しました。

そして、彼は新聞に私の記事を書きました。私のことを「横浜の夜回り先生」と名付けて――。

その後、私は、その記事を読んだ多くのマスコミから追いかけられることとなりました。間違いなく、いまの私の状況をつくったのは彼です。

彼の名前は、井上謙一郎くんといいます。

彼は、二〇二三年春の統一地方選挙に立候補し、見事に当選。しかも、公明党の広島県議会議員となったのです。いま考えると不思議な縁です。

この選挙のとき、私は彼の応援に駆けつけました。当時と変わらない、まじめで誠実で純粋な彼の姿に感動しました。必ずや、公明党「チーム3000」の一員として、多くの人や子どもたちをしっかりと守り、支えてくれるでしょう。

ただ、彼には一つだけ文句を言いました。

私は彼と知り合う前から横浜の夜の街では有名な人間で、「港《ミナト》の水谷」と呼ばれていました。それが、彼の記事のせいで、「夜回り先生」と呼ばれることになってしまいました。私は、「港の水谷」のほうが好きでした。

これが私の自分史です。

II
公明党の誕生理由

戦後の政治状況

次に公明党について語っていきます。公明党はなぜ生まれたのか。

一九四五年八月十五日、第二次世界大戦（太平洋戦争）が終わり、日本はＧＨＱ（連合国軍最高司令官総司令部）と呼ばれる連合国の占領《せんりょう》、管理下に置かれました。一九五二年のサンフランシスコ講和条約発効により日本の主権は回復し、その後、大日本帝国時代に戦争協力をしたという理由で公職追放されていた政治家や役人の多くが一斉に政治の世界に戻ってきて、一九五五年、自由民主党と、日本社会党による二大政党制、すなわち「五五年体制」ができました。

戦後の混乱期、非常に力を持っていたのは共産主義や社会主義のグループです。あの戦争を起こしたのは帝国主義、まさに他国を侵略《しんりゃく》して植民地をつくろうという、資本主義の最も悪い面が出たものでした。それに対抗するためには、ソ連や中国のような共産主義国・社会主義国にしなくてはならないという勢力が活発に動いていました。

その一つは、共産主義という過激《かげき》な思想性を持つ、イデオロギーの強い人たちです。戦前に創設された日本共産党は、戦後最初の総選挙（一九四六年）で

初めて婦人参政権が認められた戦後初の総選挙では各派合わせて39人の女性候補が当選。朝日新聞社前には開票速報を見ようと多くの人々が押し寄せた。（1946年4月）©朝日新聞社 / 時事通信フォト

五議席、一九四九年の総選挙では三十五議席を獲得《かくとく》していました。

もう一つが日本社会党です。日本社会党は、すべての資本を国有化まではいかないけれども、平等を中心として組織された労働者たちをまとめながら、この国の明日を労働者主体で考えていこうとしました。といっても、すべての労働者が組織できたわけではありません。あのころもいまも、組合をつくることができるのは公務員や大企業だけでしょう。そこからはじき出された零細《れいさい》企業や中小企業の労働者たちは安い賃金で働かされ、日々、何とか生きていくことしかできない。組合をつくる以前の問題でした。

急激に勢力を拡大していった社会主義政党の対抗勢力として、一九五五年に自由民主党ができたのです。これは当然、親《しん》アメリカ・日米安保（アメリカとの軍事同盟）賛成です。資本主義を守り、将来的には憲法を改正して、かつてのような軍を持つ国にしていこうというグループです。

それに対して日本社会党は日米安保反対。軍事同盟を結んで親アメリカになるということは、ソ連や中国を敵にすることになる。それは非武装中立で行くべき日本のあるべき姿だとは思えないというグループです。

なぜ、日本社会党は政権を取れなかったのか

この「五五年体制」というのは、別名「二対一体制」といわれます。自由民主党勢力が二、日本社会党勢力は一。労働者のほうが多いはずなのに、どうして労働者層が半分しか取れなかったのか。

理由は簡単です。戦後、GHQは農地改革をしました。江戸時代以降、戦前の日本では不在地主や大規模地主が農地の大半を持っていて、そこ

で小作と呼ばれる自分の土地がない農民が地主の土地を耕して、そこでできた農作物の一部を地代（小作料）として納《おさ》めていました。でも、戦後の農地改革によって、地主の土地のほとんどを国が没収《ぼっしゅう》して農民たちに分け与えたのです。そのために小規模農業経営者が多くなり、その後、大規模化が難しくなって日本の農業の衰退《すいたい》につながったという意見もあります。それも事実だと思う。

でも、このとき、人々は「土地」を持った。土地といっても、たかが知れています。猫の額《ひたい》みたいなわずかな土地でも、彼らの立場からしてみれば自営です。少なくとも都市部の労働者と自分たちは違うという発想になり、この層を農協（現在のＪＡ）に対する政策も含めて自由民主党が手厚く保護しました。その結果、国民の多数を占《し》めた農業従事者が自由民主党の支持層となってしまった。これが「五五年体制」が「二対一体制」と呼ばれて、日本社会党や日本共産党が自由民主党に勝てなかった理由の一つでしょう。

でも、もしもあのとき、農地改革が行われないで、日本が社会主義化あるいは共産主義化していたら、いまの日本はどうなっていたのだろう。少しそのあたりを考えていくべきだし、そろそろ昭和の歴史も明確にしなくてはならない時期にきています。いずれにしても、このような中で、「金持ちのための自由民主党vs貧しい人たちのための日本社会党」という構図ができたのです。

「五五年体制」で忘れられた人たち

ところが、この構図は本当なのでしょうか。

「資本家や金持ちのための自由民主党」は、そのとおりだと思います。圧力団体として経団連や経営者のグループなどたくさんのお金を持っている人たちが自由民主党を支持し、当時の自由民主党は、主に彼らのために政治を行ってきました。

一方で、「労働者や貧しい人たちのための日本社会党」といっても、組織労働者というのは公務員や国鉄（現在のJR）、大企業の労働者です。そこには、零細企業や中小企業の労働者は、ほとんど含まれていませんでした。何より、主婦やお年寄りは含まれていません。

当時は男女差別もひどかった時代です。「女性は家の付き物」「亭主《ていしゅ》の所有物だ」という発想の連中がほとんどでしたし、「お年寄りはだれが面倒を見るのか」といえば「子どもが面倒見ればいい」「そんなことは政治のかかわる問題ではなく、家族の問題だ」と、与野党の多くの政治家はこのようにしか考えていませんでした。政治からはじき出された、忘れ去られた人たちがたくさん存在していたのです。

まさにそうした声なき声、小さな声を聴きながら、その人たちの生活を守る政党が必要でした。

「自由民主党vs日本社会党」はある意味でのイデオロギー闘争です。しかし、この国の体制をどう変えるかではなくて、本当に貧しい人や苦しんでいる人に寄り添って、そうした人たちを守りながら次の日本をつくっていく政党が必要でした。そこでできたのが公明党なのです。

公明党の誕生

公明党の前身《ぜんしん》となる公明政治連盟は、一九五五年の第三回統一地方選挙に候補者を擁立《ようりつ》し、全国で五十三議席を獲得《かくとく》しました。

翌一九五六年の第四回参議院選挙では国政に初挑戦し、三議席を獲得。とくに大阪地方区（現在の選挙区）で「〝まさか〟が実現」といわれる奇跡的な勝利を果たしたことは、「常勝《じょうしょう》関西」の原点といわれています。

ここから国政にかかわる政治組織となり、その後、一九六四年十一月十七日に公明党が結成

東京・両国の日大講堂で開かれた公明党の結成大会。場内には、「日本の柱 公明党」「大衆福祉の公明党」との大スローガンが掲げられた。（1964年11月）

されます。

「大衆とともに語り、大衆とともに戦い、大衆の中に死んでいく」との指針のもと、大衆福祉の実現をめざして始動しました。

最初に体制論やイデオロギーありきではない。まず、一番苦しんでいる国民に寄り添って、その国民を幸せにするために、国民の声を聴きながら、この国のあるべき未来を決めていくのだ。公明党のこうした発想は、まさに私の人生と重なる部分が多いのです。


なぜ、「公明」という党名がついたのでしょうか。

一九五五年前後には、造船疑獄《ぞうせんぎごく》をはじめとする政治と企業などの癒着《ゆちゃく》から多くの贈収賄《ぞうしゅうわい》事件が起き、多くの政治家や財界人、官僚が逮捕され、政治の腐敗《ふはい》が大きな政治問題となっていました。そんな中、「創価学会の選挙運動は〝公明選挙〟だ。宴会《えんかい》政治のような、腐敗した政治を正すのが使命だからだ」と、政界に新風を吹き込んだのです。

ここからは私の考えですが、公明党には、ご存じのとおり、三つの柱があります。「福祉の党・公明党」「教育の党・公明党」「平和の党・公明党」です。それに加えて四つ目の柱は、「国民の代表として、きちんと責任を持って日々の政治活動にあたり、清く、正しく生きていこう。その志《こころざし》を常に忘れず抱《いだ》き続けよう」という議員や党自身の決意なのではないか。それが、この「公明」という名に表れていると思います。

III

公明党との出合い

特攻隊員だった叔父のことば

公明党はおもしろい政党だと私は思います。

公明党の理念を語るとき、私は三年前に亡くなった叔父のことばを思い出します。叔父は学徒動員で海軍航空隊に配属された特攻隊《とっこうたい》の生き残りです。鹿児島県の鹿屋基地《かのやきち》で終戦を迎えました。叔父の部隊の中で生き残ったのはたったの二人。叔父と、戦闘機の後部座席にいた叔父の部下だけだったと聞いています。

叔父は二回、特攻のために飛んだそうです。しかし、一回は沖縄に向かって飛んでいる途中、屋久島《やくしま》の近くで飛行機が故障して不時着《ふじちゃく》。もう一回はエンジン故障で海に落ちたそうです。叔父は戦後、生き残ったことを恥《はじ》だと思って、一生苦しんでいました。

その叔父が亡くなるときまで常に私に言っていました。

「修《おさむ》、〈国だ、国だ〉という奴《やつ》を絶対に信じるな！　国って何なんだ。その国はお前なんだぞ。土地ではない。一人ひとりの人間が国なんだ。その国である一人ひとりの人間が〈お国のために〉と死んでいった。俺はそれに乗せられた。ほとんどの仲間たちは全部それで死んでいった。でも何か違うだろう。〈お国のために〉というのなら、それは〈人のため、その命のため〉なのではないか。国民の命を守らないようなことを語る政治家や政党を一切、信じるな！」

これが、叔父が人生を通してずっと言っていたことばでした。まさに、「国民があって、国がある」という公明党の基本姿勢と通じるものがあると考えます。

公明党を敬遠していた日々

実は、そんな公明党について、私は長い間、あまり評価をしていませんでした。何しろ言うことが小さくて、小さくて、いつも重箱《じゅうばこ》の隅《すみ》をつつくような政策だけを語る。貧困対策、高齢者対策、福祉の問題、ひとり親家庭の支援、教育支援の問題……。非常に具体的な政策なのだけれども、この国をどういう国にするのかという大きなビジョンが見えない。だから、私は、公明党に対しては何となく近寄れない、近寄りたくないという意識がずっとありました。

でも、いまは気づいています。

他の政党は、いつも威勢《いせい》のいいことを言います。

「この国を豊かな国にする」

「この国を強い国にする」

「この国を美しい国にする」

でも、どんなに国が豊かになろうと、強くなろうと、美しくなろうと、その日の暮らしに困る貢献者《こうけんしゃ》（私は高齢者ということばを使いたくないので、この国をつくるために貢献した〈貢献者〉ということばを使っています）が一人でもいたら、自ら命を絶つ子どもが一人でもいたら、忘れ去られた人が一人でもいたら、そんな国は幸せな国ではない。常に、悩み苦しむ人たちに寄り添い、その人たちとともに生き、その人たちとともによりよい明日をつくろうと、身を粉《こ》にして働く公明党の議員たち。その活動の尊さに感謝しています。

救えなかった命

そんな私が変わったのは二〇〇二年です。

もう少し、私自身のことを話します。

私が夜回り先生になったのは一九九一年、夜間定時制高校の教員となった年です。それ以来、三十二年間ずっと夜の街を歩き続けてきました。そして、多くの子どもたちと出会い、多くの子どもたちを昼の世界に戻してきました。

でも、すべての子どもたちを救うことができたわけではありません。多くの子どもたちを失いました。すでに、心の病《やまい》で二百九十人の尊い命を失い、薬物によって九十二人の子どもたちを奪《うば》われました。

この三十二年間は、私にとって苦しみと哀《かな》しみ、後悔の連続の日々でした。それでも、いままでこの道を歩み続けることができたのは、かかわった子どものたちのほとんどが昼の世界に戻り、幸せな明日をつくってくれたからです。その子どもたちからの「ありがとう」の一言が、私の生きる力であり、活動し続ける力でした。

私が初めて失ったのは、三十二年前、マサフミという高校一年生の教え子です。入学式にシンナーを吸ってきたマサフミを捕《つか》まえました。

その夜、彼を家まで送っていき、お母さんから話を聞きました。母ひとり、子ひとりの貧しい生活。貧しさの中で、小学校のときにひどいいじめに遭《あ》ったマサフミ。それを助けてくれたのが、同じアパートに住む暴走族のお兄ちゃんでした。マサフミは小学校六年生から暴走族に入り、そして、シンナーを乱用し続けていました。

私の家で預かり、一緒に生活し、シンナーを止《や》めさせようとしました。

私の家にいればシンナーを吸わない。でも、「もう大丈夫」と家に帰すと、また乱用する。そんなことを三カ月近く繰《く》り返していました。

そんな六月二十四日の夜のことでした。その日、私は大変な失敗をしてしまいました。その結果、マサフミを死なせてしまった（彼の命日は六月二十五日です）。

夜九時。私のところに新聞を持ってきたマサフミは、こう言いました。

「俺、先生じゃシンナーやめられない。この新聞に書いてある。俺が薬物をやめられないのは病気だから、この病院に連れて行ってくれ」

その一言にカチンと来た私は、一緒に夜回りに行きたがるマサフミに、「今日は警察と一緒のパトロールだからダメだ」と嘘《うそ》をついて帰らせようとした。追い返されたマサフミは最後にただ一言、叫《さけ》びました。

「水谷先生、今日、冷《つめ》てぇぞ」

私がいまに至るまで、一生忘れることのできないことばです。

その四時間後、自宅近くの公園で仲間とシンナーを吸ってフラフラになったマサフミは、おそらく幻覚《げんかく》からダンプカーのライトが何か美しいものに見えたのでしょう、そこに飛び込んで亡くなりました。私が初めて亡くした子どもです。

それからも数多くの子どもたちを失いました。

二〇〇〇年に知り合った亜衣《あい》という少女は、心ない親の一言がきっかけで中学生のときから夜の世界に入りました。そこで乱暴されて「もう私なんかどうなってもいい」と、覚せい剤の魔《ま》の手に捕まり、体を売って生活していた子です。その子を保護して、やっと夢ができたころ、HIV（後天性免疫不全症候群《こうてんせいめんえきふぜんしょうこうぐん》・エイズの原因となるウイルス）に感染したことがわかりました。

それからまた八カ月間、家出を繰り返し、ボロボロの生活をして、やっとのことで私のところへ戻ってきました。もう一回やり直しをして、行きたかった高校にも入学できて、「もう、このまま行ってくれればいいな」と思っていました。

しかし、十七歳の十二月にエイズを発症したのです。当時の薬では発症を止められず、壮絶《そうぜつ》な苦しみの中で亡くなっていったのが十月十五日でした。

亡くなる直前、亜衣は意識が戻っていて、何とか話そうとしていました。しかし、もう舌を巻き込んで、話すことはできませんでした。彼女の目は語っていました。

「助けて！　死にたくない！」

でも、助けることができないのです。最後は、私を睨《にら》んで死んでいきました。亜衣は目でこう訴えていました。

「なんで助けてくれないの？　せっかく信じたのに。私を殺したのは、あなただよ。あなたたち大人だよ！」

あのときの亜衣の死が、私にとっては衝撃でした。

いくら夜回り先生がたった一人で日本じゅうの夜の街を回っても、何百人、何千人の子どもたちが、毎晩のように日本じゅうの夜の街で悪い大人たちの手に汚《けが》され、飲み込まれてしまう。何百人、何千人の子どもたちが薬物の魔の手に捕まり、そしてまた何百人、何千人の子どもたちがリストカットをし、部屋を血だらけにして死へと向かっていく。

自身の無力さに打ちのめされるような気がしました。

公明党との出合い

日本中で講演をして、そして本を書いたりもしたけれども、私一人の力ではどうしようもない。行政や政治の力を借りたいと思い、いろいろなルートを通じて、当時の横浜市長や神奈川県知事、東京都知事、自民党総裁や与野党の幹部たちにも会いました。でも、彼らの言うことは常に一緒でした。

「(バブル崩壊《ほうかい》後の)地獄のようなこの十年は経済的な大不況だった。でも、もう景気回復の兆候《ちょうこう》が見えてきた。景気が回復すれば、その問題も解決するだろう」と。

たしかに一九九一年の秋にバブル経済が崩壊して以降、日本は十年にわたる暗黒《あんこく》時代でした。たとえば、現在の「七〇四〇《ナナマルヨンマル》問題」や「八〇五《ハチマルゴー》

○《マル》問題」といわれる引きこもりは、この暗黒時代がつくり出したものです。大学を卒業しても仕事がなく、パートタイムや非正規労働を余儀《よぎ》なくされる中で、若者は明日を夢見ることができなくなった。定職に就いていないかぎり、収入が上がっていかない。その人たちが生活できなくなり、人間関係も形成できなくなり、引きこもってしまった。しかし、それに対して、国は何の手だても打ってきませんでした。

「これでは、どうしようもない」と失望していた二〇〇三年一月。私は東京弁護士会から第十七回人権賞という賞をいただきました。そのとき、私に賞状をくださったのが公明党代表代行（当時）で弁護士の浜四津敏子《はまよつとしこ》参議院議員でした。

「そうだ！　浜四津さんに話を聞いてもらおう」と、授賞式が終わった後に「日本の子どもたちの状況が最悪です。危険な状況になっています。

話を聞いてくれませんか」とお願いすると、浜四津さんは快諾《かいだく》してくださいました。

　そして、翌週には新宿の公明党本部で二時間以上、お話しすることができたのです。あのときの浜四津さんのまじめで誠実な対応。涙まで流して聞いてくれ、私の手を両手で包《つつ》んでくれたことが、どれだけ私の安心と自信になったか。

公明党の浜四津敏子代表代行と著者。（2003年1月）

「ああ、わかってもらえる政治家がいたんだ」と思いました。

また、そのとき、浜四津さんは一言、こう言ったのです。

「水谷先生、いままで子どもたちのためにありがとうございました。今日から先生は一人じゃないんですよ。公明党の仲間たちが先生とともにこの国の子どもたちの命を守り、明日を拓《ひら》いていきますからね」

あの日から、私は公明党とともに歩んできました。

公明党の仲間たちとの初めての戦い

浜四津さんと出会った直後のこと。栗林《くりばやし》のり子さん（東京・世田谷区議会議員＝当時）から、連絡がありました。

私の著作を読んだ彼女は、覚せい剤や大麻などの薬物が青少年の間に広まっているという内容に危機感を持ったとのこと。そして、区内の駅で支援者の青年たちとともに、若者を対象にした「薬物に関するアンケート調査」を実施したそうです。結果は衝撃的でした。多くの若者たちが、友人の薬物乱用や身近で売買されている事実を知っていたと言います。その危機感の中での、「若者たちに薬物の本当の姿と恐ろしさを話してほしい」という私への講演依頼《いらい》でした。私は、驚きました。

当時は、すでに多くの若者や高校生にも覚せい剤などの薬物乱用が広がっていたにもかかわらず、多くの政治家や教育関係者は、その事実を認めず、「ごく一部の若者たちのことだ」と軽視《けいし》していました。私に対しても、「薬物問題について、小さなことを大げさに語りすぎている」と批判する人もたくさんいました。そんな中での依頼だったからです。当然、喜んで引き受け、世田谷区の若者たちに、薬物乱用防止のための講演をしました。

二〇〇九年、栗林さんは東京都議会議員（世田谷区選出）になりました。それ以降は八面六臂《はちめんろっぴ》の活躍です。

公明党東京都議団の仲間たちとともに、国よりも早く、当時の若者たちの間で広がっていた「脱法《だっぽう》ドラッグ」（現・危険ドラッグ）を取り締まる条例を制定しました。この都議会公明党の動きに、公明党の国会議員も連動し、国も脱法ドラッグの取り締まりに乗り出しました。

脱法ドラッグは、主に中国から運ばれてきたものですが、日本の薬物規制の網《あみ》の目をくぐり抜けていたため、当時の日本の法律では取り締まれないものでした。しかし、その危険性は、覚せい剤などの禁止薬物と変わらないほど恐ろしいものです。私も、かかわった多くの子どもたちを廃人《はいじん》にされ、何人かは命を奪われました。それが、高い志《こころざし》を持った公明党議員たちの努力のおかげで禁止されることになったのです。

私が初めて公明党「チーム３０００」のまじめさと底力《そこぢから》を思い知った出来事でした。

公明党「チーム３０００」とともに

公明党は、実におもしろい政党です。

公明党を語るには、国会議員だけではなく、公明党「チーム３０００」と呼ばれる地方議員を抜きにしては語れません。日本の政党の中で最も地方議員が多いのは公明党です。まず間違いなく、日本のほぼ全域に公明党の議員は存在します。その市区町村議会議員は、毎日のように「困っている人はいないか」「泣いている子どもはいないか」「危険な場所はないか」「その日の生活に苦しむ貢献者（高齢者）はいないか」と、自分の地域を歩き回っています。そして、何か問題を見つけたならば、都道府県議会議員や国会議員も一緒になってそれを解決していく。まさに、これが公明党「チーム３０００」の力です。

元々、公明政治連盟は地方政治からスタートし、常に小さな声を聴き、困っている人に寄り添ってきました。その伝統をきちんと維持《いじ》してきているのだと思います。

他の党というのは、それが分断されています。彼らは国会議員が偉《えら》くて、次が都道府県議会議員で、市区町村議会議員はその子分《こぶん》という考え方ですが、公明党はそうではない。常に一体です。国会議員も自分が選出された地域を非常に大切にして、日常的にその地域を回っている。このネットワークの強さと、常に足元＝自分の地盤を歩き回って、必死に人々に寄り添うという姿勢は、もっと高く評価されるべきだと私は考えています。

公明党には、どれほどお世話になったことか。

つい先日、ある県で非常にひどい事件が二件起こりました。一つは多動性障がいのある小学校一年生の女の子。学校の先生が「もう動かないように」と、授業中は椅子《いす》に縛《しば》りつけ、それでも叫《さけ》んだら、「うるさいからあなたは外で勉強しなさい」と言って、ドアの外に机を置いて、給食もそこで食べさせられたという。「こんなことは許されることじゃない」と、お母さんから相談を受けました。

市の教育委員会でも県の教育委員会でも、たらい回しにされたのだけれども、私の仲間である公明党の県議会議員が動いてくれて、正式な調査に入って、それをもみ消していた管理職を含めてきちんとした処分を下し、学校の体制も改善してもらいました。

また、同じ県のひとり親家庭では、お母さんが夜の仕事をしながら必死で娘さんを育てていた。ところが、小学校五〜六年時の担任から、母親の仕事のことを言われるなど、ひどい差別を受けた娘さんは人間不信になってしまい、六年生から学校に行けなくなってしまった。このときも公明党の議員に相談し、教員の処分や生徒のケアなどの対応をしてもらいましたが、中学生になってからも学校には行けなかった。

娘さんが不登校児のためのサポート校に行きたくても、それにはお金がかかるわけです。これについても、公明党の女性議員が一生懸命に動いてくれて、何とかサポート校の教育費負担を軽減できるように、現在進行形で頑張ってくれています。これも小さな声を聴く力です。

また以前、ある県では、親のいない子どもたちや親が育てられない子どもたちをお預かりしている児童養護施設で、施設職員の男が高校二年生の女の子に複数回にわたって性的な暴行を加えていました。その女の子から、私に助けを求める連絡がありました。私はすぐに児童相談所に連絡して、彼女を保護してもらいました。

ところが、その後の警察の動きが非常に鈍《にぶ》い。そこで公明党の町議会議員や県議会議員に調べてもらったら、施設の経営者がその地域の有力な国会議員だという大きな壁がありました。その国会議員を守るために組織全体で事件を隠蔽《いんぺい》し、職員も守ろうとしていたのです。

このときも浜四津さんに相談して一発解決。その男は逮捕されて、彼女は隣県の施設でお預かりして、いまはちゃんと自立して会社勤めをしています。これもまさに、公明党「チーム３０００」の底力なのです。もう、話したらキリがないぐらいです。

あらゆる差別と戦う公明党

もう十年以上前のことですが、大きな事件がありました。四国のある市で同和《どうわ》問題（部落差別）が起こりました。市町村合併によって、同和地域とそうではない地域の学校が統合されました。小中一貫校にしたのですが、小学校のあるクラスで、子どもたちが同和地域の子どもたちに差別用語を投げかけました。親たちが担任に相談したのですが、その教員が子どもたちに、「そんなことばを使ったら大変なことになるよ」と言ったことで、さらに大きな問題になりました。このことばの中にこそ大きな差別意識が潜《ひそ》んでいるということを、その教員自身がわかっていなかったのです。

そこで私が呼ばれて教員研修を行い、隣保館《りんぽかん》（公民館）で、同和地域の方々への謝罪と説明をしました。そのときも、その仲介をし、同行してくれたのは、公明党の県議会議員と市議会議員でした。議員たちに来てもらって私が一番びっくりしたのは、地域の人たちが公明党議員を喜んで受け入れ、信頼関係が築かれていることでした。日々、差別をなくすために、その地域で頑張っておられることがよくわかり、「これは公明党の新しい面を見せてもらったな」と感じました。

また、九州で行われた公明党の時局講演会の席上、私は、「公明党は、いままで差別というものを一切認めていない。常に差別をなくすように動いてきた政党である」と話しました。すると、私のすぐあとに登壇《とうだん》した公明党の地方議員がこう言ったのです。

「実は、私は同和地域の出身です。ひどい差別に苦しんで、十代のころはグレて、本当に悪さばっかりやっていました」と。

彼は十九歳のときに少年院から出てきて、母親にはたいそう心配をかけたと言います。そんなとき、母の人生の師がその地域を訪問。彼は母に会場へと連れて行かれ、前方に押し出された。すると、その人が握手《あくしゅ》をして激励してくださったそうです。その手の温かさに感動し、「〈こんな偉い人が、自分みたいな人間を粗末《そまつ》にしないで接してくれるんだ〉と感じたあの一瞬が、自分にとってはすべての始まりだった」と。

その後、彼は公明党「チーム3000」の一員となった。いまは感謝と恩返しの思いで、地域で奮闘しているという内容でした。そこには、党員・支持者以外にも、多くの一般の人たちが参加されていましたが、彼の話を聞いて、みんな泣いていました。

常に、社会から孤立した人・孤立させられた人たちに寄り添い、あらゆる差別と戦う。これこそが公明党の歩みなのです。

障がいを持つ人たちに寄り添う公明党

障がい者の問題についても同様です。

私は、かつて、横浜にある養護学校高等部で教壇に立っていました。身体の不自由な子どもたちのための養護学校で、卒業後は就職するか、一生、在宅で親の世話になるしかありません。当然、就職できるのは、軽度障がいの生徒だけです。当時も企業に対しては、法律で一定数の障がい者雇用が義務づけられていましたが、四肢《しし》に障がいを持つ生徒たちの就労先を見つけることは困難でした。ましてや、重度の障がいを持つ子どもたちは行く場所がありませんでした。

私たち教員は親たちと協力し、行政に対して、その生徒たちのために作業所を設置することを求めました。そのときも、常に行政との間に立って私たちを支えてくれたのは、公明党の議員たちでした。横浜市内に数多く設置されている障がい者のための作業所は、そのほとんどが公明党の議員の支援と尽力《じんりょく》によるものです。

また、障がいを持つ子どもたちを日常的に世話している親が病気などで動けなくなったとき、子どもたちは病院に預けることしかできません。しかし、預かってくれる病院を探すことも困難を極《きわ》め、そういうときに一時預かってくれる施設が必要でした。この問題解決のために公明党の市会議員たちが動いてくれ、身体障がい者療《りょう》護《ご》施設「よこはまリバーサイドとつかホーム」（現・よこはまリバーサイド泉）で通所サービスが開始されました。

公明党の議員たちは、常に社会の中で虐《しいた》げられた人たち、声を上げることのできない人たち、忘れられた人たちのところに、自ら出向き、その人たちとともに生き、ともに悩み、ともに考え、すべての人の幸せな社会をつくろうとしています。このように動いている他党の議員も確かに存在します。しかし、政党全体で力を合わせ、取り組んでいるのは、公明党のみです。

いつでも、どこにでも走る公明党

公明党「チーム3000」に「自分の利益のために議員をやっている人間がいるか」と見回せば、そんな議員はほとんどいないでしょう。

私は、全国でたくさんの公明党の仲間たちと出会ってきました。みんな尊敬できる人たちです。日々、自分のことよりも、地元で悩み苦しんでいる人たちのために生きています。これこそが、公明党が公明党たる所以《ゆえん》です。「自分のため」ではない。みんなが「人のために」「人を幸せにするために」と、我を捨てて動いている。こんな政党は他にはありません。

たとえば、ズック（運動靴）を履《は》いている議員が一番多いのは公明党です。衆議院議員の中野洋昌《ひろまさ》くん、北側一雄《きたがわかずお》さん、亡くなった冬柴鐵三《ふゆしばてつぞう》さんもそうでした。参議院議員の下野六太《しものろくた》くんもそうです。「いつでも、どこでも、ズックが一番動きやすいから」と。地方議員でも、多くの仲間たちがズックで頑張っています。どんな災害が起きたときにも最初に被災地に行くのは、国会議員・地方議員を含めて、公明党の議員です。

先日、広島の安佐南区《あさみなみく》や安佐北区に講演に行きました。二〇一四年に起きた豪雨災害、土砂崩《どしゃくず》れで家が潰《つぶ》され、犠牲者も出るなど、大きな被害に遭った地域です。地元の人たちは、公明党の地方議員や国会議員がいち早く駆けつけて動いてくれたと、本当に感謝していました。

また、広島の呉《くれ》市は二〇一八年の豪雨災害で陸の孤島になってしまいました。広島市との高速道路（クレアライン）が完全に寸断《すんだん》され、通行止めになる中で、公明党の議員たちは、できるだけ早急に解決できるようにと、何度も通ってきて寄り添ってくれたと、多くの人たちが感謝していました。まさにこれが公明党「チーム３０００」の底力です。それが地方議員です。

東日本大震災と公明党

二〇一一年三月十一日、東日本大震災が発生しました。この直後、私がかかわっていた気仙沼《けせんぬま》市に住む少女からメールが届きました。中学二年生のころから、リストカットを繰《く》り返し、私に「死にたい、死にたい」とメールを送り続けてきた少女です。震災で家を失ったこと。でも、家族はみんな助かったこと。避難所となった近くの中学校の体育館で夜、「寒い、寒い」と震《ふる》えるおばあちゃんに自分の毛布を掛けてあげ、寄り添って、抱きしめてあげたら、そのおばあちゃんが泣きながら、「ありがとう、ありがとう」と言って、すやすや眠ってくれたことなどが書いてありました。メールの最後に、「もう自分はリストカットしない。看護師になって人の命を救う仕事をする」と書いてありました。

その翌年、この少女から電話がありました。公立の看護大学に合格したけれど、漁師だった父親が仕事を失い、入学金や授業料を支払うことができない。看護師の夢をあきらめて働くという内容でした。電話の向こうで彼女は泣いていました。

「困ったときの公明党」です。私はすぐに公明党の国会議員や地方議員に連絡し、事情を伝えました。彼らはすぐに動いてくれ、被災者の入学金や学費を減免《げんめん》する措置《そち》が取られたのです。

おかげで、この少女は大学に進学し、いまは地元で看護師をしています。これは、二〇一六年四月十四～十六日に起きた熊本地震の際にも適用され、被災して授業料を支払うことのできなくなった多くの大学生を救うことになりました。

東日本大震災の翌年、私は福島県の人たちから相談を受けました。

「震災によって家や家族をすべて失い、児童養護施設で生活している数人の子どもたちが、来年春には居場所を失ってしまう。何とかならないか」とのことでした。

当時の法律では、児童養護施設は小学校一年生から十八歳（または高校卒業）までの子どもたちしかお預かりできませんでした。その年齢を過ぎれば、家族もいない、帰る場所もない子どもたちは、自分で住む場所を確保し、働いて自立していかなくてはなりませんでした。国や心ある人たちはそのことに気づいており、全国の多くの都道府県では、子どもたちが高校卒業後もそこで生活しながら、大学や職場に通うことのできる自立支援ホームが設置されていました。しかし、福島県ではまだ設置されていなかったのです。

私は、すぐに福島県内の公明党の地方議員や国会議員に相談しました。彼らは力を合わせて動いてくれ、二〇一三年六月、福島県郡山《こおりやま》市に県内初の自立援助ホーム「木《こ》もれび」が開設されました。その開所式には、多くの公明党議員が駆けつけてくれました。

二棟のアパートを借り切り、一棟は男子用、もう一棟は女子用。それぞれの子どもたちは、自分たちの部屋を持ち、将来の自立に向けて生活し、それを職員たちが支えました。

「木もれび」は、すでにその役目を終えて閉鎖となりましたが、この施設で、少なくない子どもたちがお互い支え合いながら、大学に通い、職場に通い、自立していった事実は消えません。

また、二〇一六年の秋のことです。

私が福島県郡山市内の中学校や高等学校を講演で回っていたとき、校長先生たちから相談を受けました。

東日本大震災以来、多くの工場や会社がこの地域から撤退《てったい》し、仕事を失った方々がたくさんいること。そのために収入を失ったり、収入が減ったりして、生活困難な家庭が増えたそうです。その結果、中学校を卒業する一部の生徒たちは、自分の望む進学先ではなく、働きながら学ぶ夜間定時制高校に進学することになったり、また、高等学校を卒業後、家庭の経済事情から、大学や専門学校への進学をあきらめて就職する生徒が非常に増えているとのことでした。

私は、すぐに友人のさだまさしさんや宇崎竜童《うざきりゅうどう》・阿木燿子《あきようこ》夫妻、泉谷《いずみや》しげるさんに相談し、二〇一七年三月十日に、郡山市民文化センターでコンサートを開きました。私の多くの仲間たちが手弁当で協力してくれ、アーティストの皆さんも無料で演奏してくれました。このときも、公明党の福島県議会議員や郡山市議会議員など、公明党「チーム

３０００」の仲間たちが県や市との折衝《せっしょう》、会場の手配、使用料の減免などに尽力してくれました。感謝です。

コンサートは大成功。全国から千五百人の方々が参加してくださり、子どもたちのための奨学金として、九百万円の収益金《しゅうえききん》を郡山市に寄付することができました。寄付金の贈呈式には、公明党の国会議員や県会議員、市会議員がたくさん参加してくれました。

あれから毎年春になると、奨学金で進学できた子どもたちから、私やかかわった仲間たちのもとに感謝の手紙が届きます。これも、公明党の力です。

教育改革に挑む公明党

私が公明党の国会議員に最初にお願いしたのは教育の問題です。日本では、憲法で国民に三つの義務が課せられています。一つは、働くこと（勤労の義務）です。二つ目は、税金を納めること（納税の義務）。三つ目は、子どもに教育を受けさせること（教育の義務）です。

国民に教育を受けさせることを国が定めていますが、実際には、金持ちの子はどんな中学、高校、大学にも行ける。海外留学にだって行ける。しかし、貧しい家庭の子は高校に進学するとしても、働きながら夜間定時制高校へ。大学や専門学校なんて夢のようなもの。まして、海外留学なんて考えることすらできない。こんなバカな話がありますか。国は、国民に教育を受けさせることを義務とするのなら、当然、すべての子どもたちが、平等に教育を受けることのできる体制をつくらなくてはなりません。

こんなことをお願いした理由は、私が大学時代、ヨーロッパに留学した経験にあります。当時、ドイツの大学というのは非常に数少なくて、私立が二校と、あとは国立大学しかなかった。でも、ほぼ無料でした。教育というのはそういうものなのではないでしょうか。

どんな子どもでも、教育はその人の夢をつくります。明日を拓きます。私は、そのように子ども時代から祖父母に教えられてきました。教育は、国にとっても浪費《ろうひ》・消費《しょうひ》ではなく、未来への投資《とうし》なのです。子どもたちが、そこで学んだ知識や技術を何十年にもわたって、国や社会、貢献者（高齢者）のために返してくれる未来への投資なのです。

これに関しても、公明党の国会議員は、いち早く動いてくれました。幼児教育・保育の無償化《むしょうか》、私立高校授業料の実質無償化、高等教育無償化という「三つの無償化」を進めてきました。

このほか、公明党が非常によく頑張ってくれたのは、不登校などで「地元の学校には通えないけれども、フリースクールに通いたい」という子どもたちにも、公共交通機関での学割が使えるようにしてくれたことです。まさに、それは公明党の実績です。本当によくやってくれました。さらに、高等学校については、フリースクールに行った日にちを学校の出席日数として扱ってくれるようになりました。こうしたことを実現させるのが、公明党の国会議員なのです。小さなことだけれども、それでどれだけの家庭、どれだけの子どもたちが救われたか。

大学の授業料無償化は、少なくとも三年前から返済不要の奨学金（年収三百八十万円程度の世帯まで）の給付が始まっています。公明党がこの政策を実現してくれなかったら、大学で学べなかった子どもたちがいるのです。今後、年収五百六十万円までの世帯に拡大される予定です。そうなれば、日本の子どもたちの六割は、少なくとも授業料に関しては心配しないで勉強することができるようになります。

実際、私が大学の教員をしていたときに、入学金を親や親族から借金したことや奨学金を借りたことにより、返済のために売春《ばいしゅん》をしたり、夜の仕事をやったりする女子学生がいた状況を見てきました。その救済に関しては、早急に動かなくてはなりません。

いま、三十〜四十代で、学生時代に有利子の奨学金を借りたことによって返済に苦しんでいる人たちがたくさんいます。金額も多く、月十万円くらい借りていた人もいます。そのため、何十年にもわたって返済が続いているとの相談を受けています。日本はいま、少子化が問題になっているけれども、「そんな借金を抱《かか》えていて結婚ができるのか」「子どもが持てるのか」という、とんでもない本末顛倒《ほんまつてんとう》になっています。

こうした事態を受けて、公明党の国会議員とは、「少なくとも利子分の免除はしなくてはならない。できるだろう」という話をしています。利子分の免除のほか、払えない状況のときには五～十年間の返済停止措置があるけれども、その枠《わく》をもう少し拡大したり、その後の生活に応じて返還を免除されるようなしくみをつくってほしいと思っています。

また、大学の入学金についても、公明党の国会議員とともに検討を重ねています。現在のシステムでは、大学に合格したら指定された期限までに入学金を納入し、入学手続きをしないと合格が取り消されます。そのため、たとえ滑《すべ》り止めであっても、速やかに二十万～三十万円前後の入学金を納める必要があるわけです。これでは、経済的に余裕のない家庭の子どもたちは複数の大学を受験することが難しくなっています。もし、すべての大学が入学金の納入期限を三月末にしてくれれば、この問題は解決します。

私は、この問題の解決のために、他党の協力も得ようと、立憲民主党で教育問題に熱心に取り組んでいる女性議員とも話をしました。

しかし、その回答は、あきれ果てるものでした。

彼女によれば、「入学金は、大学にとって経営に必要なものであり、その総額は膨大《ぼうだい》なので、それを政府が肩代わりすることは不可能だ。また、それを（水谷が提案するようなシステムに）変更すれば、多くの大学が潰《つぶ》れてしまい、失業する教職員が出てしまう。だから、それはできない」とのことでした。

私は、「正当な授業料で成り立たない大学など存在する意味がないのではないか。あなたにとって大切なのは学生、つまり子どもたちではなく、労働者である教員や大学職員なのか」と反論しました。

この問題の解決には、まだまだ時間はかかるかもしれませんが、必ず実現してもらいたいと動いています。

引きこもり問題への取り組み

私は、引きこもりの問題についても公明党にお願いしました。

引きこもりの人たちの中には、心を病《や》んでいる人もたくさんいます。私のところにも「いのちの相談」がたくさん寄せられます。ところが、かつてはカウンセリングには医療保険が適用されませんでした。一回五千円程度。そのお金が払えないために有用なカウンセリングが受けられないというケースが多々ありました。

これについては、もうとっくの昔に公明党の女性議員を中心に動いてくださって十五回までのカウンセリングについては保険適用。「初診と最後だけは医師が介在《かいざい》すること」という条件はあるけれども、これによって費用も三割負担で済んでいます。多くの人たちが救われています。

また、引きこもりの若者たちの社会復帰のために、浜田昌良《はまだまさよし》参議院議員（当時）が頑張ってくれて、二〇〇六年度から厚労省が委託する形で「地域若者サポートステーション」（サポステ）の整備を進めました。「中小企業等（NPOも含む）がお試《ため》し雇用《こよう》をしてくれた場合には、その会社に十二カ月にわたって十万円を支給します。それを給料にしてもいいし、会社のものにしてもいいですよ」というものです。さらに、「十二カ月後に（正式に）雇用してくれたら百万円の協力金を渡しましょう」という制度で五万人近い雇用が実現しました。

たかが五万人と思われるかもしれません。でも、五万人の人間が、それまでの引きこもりから労働に入っていくということは、この国にとってどれだけ効果が大きいことでしょうか。

引きこもりの人たちの中には、すぐに働けないほど心が病んでいたり、対人関係が構築できない人がいます。その人たちのための就労支援や作業所の提供、また、まだ作業所まで行けない人のためには、ジョブカフェがつくられました。そこで、同じ問題を持つ仲間たちと、語り合い、支え合いながら、コンピューターやさまざまな技術を学んだりしながら、将来の就職に備えています。現在、八万人前後がそこで将来の就労のために頑張っています。

この国は「少子化対策」を掲《かか》げる一方で、実は、国自体が引きこもりの実数を把握《はあく》できていません。どの世代で何人くらいが引きこもっているのか。また、その人たちの社会復帰に向けての試《こころ》みは、いまだ不十分です。まさに「七〇四〇問題」がいまや「八〇五〇問題」に突入《とつにゅう》しようとしています。すなわち、引きこもりの子どもたちが四十代、五十代になって、その子たちを年金あるいは自分の給料で面倒見てきた親たちが七十代、八十代になって、支えることができなくなりつつあります。

そんな中で悲しい事件も報道されています。子どもの将来を悲観し、子どもを殺して、お父さん、お母さんが自殺したり、その逆のケースもあります。やはり、これはバブル期の国の政策が引き起こした問題なので、国で何とか解決しなくてはなりません。いま、社会に背を向けて、心を閉《と》ざしてしまった人たちに、もう一度、社会に復帰してもらうことは、とても重要な事業だと考えます。残念ながら、この問題にずっと取り組んでいるのは、公明党以外にはないのです。

自由民主党や立憲民主党の議員からは、「そんなことをやって票が取れるのか？」と言われます。でも大切なことです。一人も忘れ去られた人をつくってはいけない。これが小さな声を聴く力、大衆に寄り添う公明党のあるべき姿です。

人権に敏感な公明党

ある日、私が家に帰ると、「あなたも、あなたのお友だちの公明党の議員さんも何をやっているの？　こんなひどい話はないでしょう！」と妻がめちゃくちゃ怒《おこ》っていました。娘の同級生のお母さんで、妻の友人でもある女性から電話があったそうです。

彼女は訪問介護の仕事をしながら、ひとり親家庭で子育てしながら、ずっと頑張ってきました。けれども、乳がんになり、放射線治療《ほうしゃせんちりょう》と化学《かがく》療法《りょうほう》で髪の毛を一時的に失ってしまいました。何とか寛解《かんかい》して仕事に戻れることになり、優良ドライバーなので、運転免許の更新のため、地元の警察署に行きました。治療の影響で髪の毛がないので、頭にバンダナを巻いて、毛糸の帽子をかぶって行き、受付で「がんの治療で髪の毛を一時的に失っています。このバンダナか帽子をかぶって（写真を撮って）はダメですか」と尋《たず》ねたそうです。受付の人は、小さな声で「大変ですね。上司に聞いてきます」と言ってくれました。

ところが、その上司が出てくるとハガキを広げて、「ここ、何て書いてある？　無帽って書いてあるでしょう。イヤならカツラを買ってかぶってきなさい」と、人がたくさんいる場で大きな声で言われたそうです。彼女はつらくなり、そのまま帰ってきたと言います。まったく配慮《はいりょ》のない対応です。それに、医療用のカツラは三十万円。三割負担でも九万円と高額です。

わが家の合いことばは、「困ったときの公明党」です。私は親友の浜田昌良参議院議員（当時）に電話で相談しました。彼はすぐに動いてくれました、後日、弁護士でもある佐々木さやか参議院議員（神奈川県選出）が国家公安委員会で質問してくれることになりました。

その日、浜田くんから「今日、やるから、見ておけよ」と言われた私は、国会中継をずっと見ていました。佐々木さんの質問を受けた小此木《おこのぎ》八郎《はちろう》国家公安委員長（当時）の答弁も見事でした。

「警察行政を管理する国家公安委員長として、その方に本当に申し訳ない。女性だけでなく、男性でもつらい思いをした方がいらっしゃることに心から謝罪《しゃざい》します。すぐに何とかします」

こうして、バンダナは医療用特殊包帯《ほうたい》として、毛糸や綿の帽子も医療用特殊帽として認められることになりました（ただし、帽子でも、つばのあるものは顔に影ができてしまうため不可とのことです）。

いま、これをマイナンバーカードやパスポートにまで広げていこうと、公明党の仲間たちが努力してくれています。

自分ががんになって化学療法や放射線治療を受けていなければわからないことですが、このように苦しんでいる人たちはたくさん存在します。小さなことかもしれませんが、その人たちの笑顔につながる政策ができるのが公明党の力なのです。

公明党は、日本で唯一《ゆいいつ》のネットワーク政党です。市区町村議会議員、都道府県議会議員、国会議員がみんな仲間として、常に情報を共有し、問題の解決に当たっています。このネットワークこそが、公明党の強みであり、これまで多くの人たちを救ってきた力の源泉《げんせん》です。

IV

公明党はおもしろい

支持者の代表としての公明党議員

公明党には清廉潔白《せいれんけっぱく》な議員が多いと感じます。私は、これまで数多くの公明党の議員と会ってきました。会えば会うほどまじめな人が多い。その根底にはやはり、拠《よ》って立つ哲学の力があると思います。

「まっすぐに清廉潔白に生きなさい」

「困っている人を助けなさい」

これは、あらゆる考え方の基盤だと思います。こうした人間主義の哲学を胸に抱《いだ》いて生き、その信念の中で活動している人たちがほとんどです。

また、公明党の議員のおもしろさというのは、その出自《しゅつじ》にあります。いわゆる政治家には「地盤」「看板」「カバン」が必要だと言われていた。

「地盤」「看板」は代々引き継いでいくもの。だから政界には二世議員が多いわけでしょう。それから「カバン」。これが一番の問題で現金という意味です。この三つが政治家になるための、とくに国会議員になるための必要条件だといわれた時代もありました。

最近は多少、その影は薄くなりましたが、いまでも自由民主党の政治家や一部野党の政治家の中にも、その三つを背負って議員となっている政治家は少なくありません。

しかし、公明党の場合、自分から「なりたい、なりたい」と言って議員になっている人はまずいません。公明党を支持してくださる方々から、「あなたがこの地域をまとめて救ってくださいませんか」「あなたが立ってくれませんか」と推《お》されて、選ばれて議員になっている。こんな政党はほとんどありません。

しがらみを持たない公明党議員

通常は、各政党とも議会選挙では候補を公募します。公募すれば、日本維新の会も、参政党も、立憲民主党も、国民民主党も、自由民主党も、「我も、我も」とたくさんの人たちが立候補したいと手を挙げてきます。その中には少なからず、本当にその地域や国を何とかしたいという人もいるでしょうが、ただ単に地位や名声がほしいという人もたくさんいます。それどころか、何のポリシーも持たず、権力を手に入れたい、有名になりたいという人もたくさんいます。当選しても何にもやらないで、「この政治家、何してるんだ?」と思うような政治家もいます。

また、他の既成《きせい》政党の国会議員の場合、ほとんどの議員が支持基盤を持っています。それは、企業であったり、営利団体であったり、野党の場合は労働組合だったりします。選挙において支援するかわりに、その団体にとって有利な政策の実現を求める圧力団体です。その団体の中には、その党や議員を支持することによって甘い汁《しる》を吸いたい連中も存在します。悪く言えば、自分たちの利権を守りたいから、その党の議員を国会に送り込むという構造です。当然、議員は選挙での借りがあるわけですから、当選後は借りを返さなくてはならず、支持団体に有利になるよう、国政を運営していくことになります。かつては、「農水族」「厚労族」「建設族」「文教族」「郵政族」など、多くの族議員が活発に活動し、国の利益より、支持団体の利益のために活動していました。だいぶ減ってはきましたが、いまもこのような動きは消えていません。

もし、公明党に「族」という名前をつけるとしたら、「貧しい人たち族」「子どもたち族」「忘れられた人たち族」「貢献者《こうけんしゃ》（高齢者）族」とでも呼ぶべきでしょう。党の政策に直接、強い影響を与える圧力団体を持たず、常に日々の生活に苦しむ人たちに寄り添い、その人たちのために政策を立て、それを実現してきた政党です。

公明党は、何らかの組織に支配されたり、振り回されている政党ではありません。公明党は、

国政に初進出したときから保護者の負担軽減を重要政策の一つに掲げた公明党。1963年には柏原ヤス参議院議員の質問に対し、池田勇人首相が明言したことによって教科書無償配布が実現した。写真は教科書を受け取る船橋市立塚田小学校の児童たち。（1967年9月）

「政治家がいて組織がある」のではなくて、応援してくれるたくさんの公明党支持者の方々の代表として、自分が選ばれていく。その意味で非常に大衆と近いのです。

たぶん、日本の国会議員や地方議員で、最も一般の人々に近い位置にいるのが公明党の議員でしょう。それだけ地域を動き回っていますから。だから「二世議員」や「世襲《せしゅう》」の問題も出てこないし、金銭問題や女性問題を起こす議員もほとんどいません。

人間ですから、すべての人間が清く正しくというわけにはいきません。さすがの公明党でも問題を起こした議員は存在しました。しかし、いままでの歴史を見ると、そのような議員が出たときには速《すみ》やかに厳しく対応して、それを隠《かく》そうとか守ろうとする動きは一切しません。まさにそれがクリーンな公明党の潔癖《けっぺき》さだと私は考えています。

忘れ去られた人たちのために

二〇二三年の三月末、私は統一地方選挙の応援のため、九州に行きました。ある県庁所在地で公明党候補の応援演説を終えたとき、一人の地方新聞の記者から取材を受け、名刺《めいし》交換をしました。

その夜のことです。記者から電話をもらいました。

「私は、本当のことを言えば、公明党に対してはあまり興味がありませんでした。ただ、〈なぜ、あの夜回り先生が公明党を応援するのだろう〉と、その理由を知りたくて、今日の街頭演説を取材しました。そこで、先生の話に熱心に聞き入る公明党支持者の皆さんの姿を見ていて、その理由がわかりました。障がいを持った人たち、高齢者の人たち、たぶん引きこもりだろうと推測《すいそく》される人たち、多くの政党や議員が忘れ去っている人たちがたくさん、必死で公明党の応援に駆《か》けつけていました。いままで夜回り先生が救おうとしてきたのは、夜の世界の子どもたち、学校や社会からはじき出された子どもたち、忘れ去られた子どもたちです。夜の世界における夜回り先生の役目を、公明党は昼の世界で同じように広く果《は》た

選挙カーの上に立ち、公明党候補の応援演説をする著者。(2023年3月)

しているのではないか。忘れ去られた人たちのために……。私は、そう理解できました」

私は、そのことばを聞いてうれしくなりました。ここに、私と公明党「チーム3000」の仲間たちの絆《きずな》があるのです。

中道政党としての公明党

もう一つ、公明党の在り方として皆さんに知っておいてほしいことがあります。公明党はいま、日本で唯一《ゆいいつ》の中道《ちゅうどう》政党だということです。

ところが、困ったことに、その中道の意味と意義を国民のほとんどがわかっていない。残念ながら公明党支持者の中でも理解していない人が多いのです。普通、中道とは、保守と革新の間の中道のことを指します。

いわゆる保守政党といえば自由民主党であって、日米安保を維持《いじ》し、自衛隊の国軍化をめざし、憲法改正を求めるグループです。この点では、日本維新の会も保守政党と呼んでいいでしょう。

それに対して革新政党というと、かつての日本社会党、いまは立憲民主党になるのでしょう。けれども当然、すべての立憲民主党の議員がこう考えているわけではありません。現在の立憲民主党の中には、保守的思想の議員たちもたくさん存在しますが、本質的には日米安保の廃棄《はいき》、憲法改正は認めない、自衛隊の国軍化については、現状では認めない。これが、本来の革新グループの考え方です。

それに対して中道というのは、その時々の状況と国民の意識、意向の中で一つひとつの問題について深く討議し、その都度《つど》、対応していこうというグループです。まさに、いまの公明党の姿です。

実は、いまや政党や政治家を「保守か革新か」で二分する考え方が成り立たなくなっています。「五五年体制」のもとでは、「資本家（金持ち）vs労働者（貧しい人たち）」と国民を二分し、自由民主党と日本社会党が、それぞれを支持基盤として保守・革新の二極構造をつくってきました。ところが、日本が豊かになっていく中で、国民の多くが中流階級として豊かさを享受《きょうじゅ》し、それとともにこの二極構造は崩壊《ほうかい》し、単純なイデオロギーによって政党を区分けすることは困難になっているのです。もっと言うと、すでに保守、革新、中道という分類自体が意味のないものになっています。

公明党は、よくイデオロギー的には曖昧《あいまい》だといわれます。

「公明党は資本主義がいいのか、社会主義や共産主義がいいのか。どっちなんだ？」

私は、資本主義、社会主義、共産主義といったイデオロギーではなく、常に国民自身に寄り添ってこの国をつくっていくのが中道だと考えます。

それでは、私はなぜ、公明党を唯一の中道政党と考えているのか。

私は、中道というのは「保守と革新の中間に位置する」という意味ではなくて、保守と革新という二つの構造、あるいは多くの既成政党から忘れ去られた人たちに寄り添って、その人たちを守ろうとする立場のことだと捉《とら》えています。「この国をこういう国にするからついてこい」と理念が先行するのは既成の政党です。そうではなく、いったん、困っている人を含めたすべての国民のレベルまで自分たちが近づいていって、そこで「国民とともに、みんなでこの国の明日を考えながらつくっていこう」というのが本当の意味での中道だと思うのです。

「国があって国民がある」のではなく、「国民があって国がある」。その国民に寄り添うことこそが、本当の意味での中道の在り方なのではないでしょうか。この国を、国民の多くがそうあってほしいと望む国にしていく。それこそが、これからの時代の政治に求められていることだと思います。

公明党を支持する人たちがなぜ増えないのか

本当ならば、このような公明党の在り方は、もっと国民全体の支持を集めるべきなのです。ところが、現実はそうではない。なぜでしょうか。理由は簡単です。ポピュリズム（大衆迎合《げいごう》主義）の台頭《たいとう》です。最近ではいろんな政党が新しく出てきています。一発屋みたいにいろいろと派手なことを言って、インターネットや映像の中で支持者を取り込み、すごく魅力的なことを言いながら、その勢力を伸ばしていこうとする政党が増えてきています。また、それらの政党が、既成政党に不満を持つ人たちの批判票の受け皿となってしまっています。

でも、彼らに何ができるのでしょうか。

公明党は有言実行。語ったことを実現していく政党です。地方議員が、歩き回って見つけた問題を、地方議員から国会議員までのネットワークの中で、みんなで協力し合って動いて解決していく。それを、きちんと実行してきた政党です。

忘れてはいけないことは、ポピュリズム政党というのは偉《えら》そうなことを言っているけど、考え方はまさに自由民主党や立憲民主党と同じで「上からの目線」だということです。「こういうふうにするんだ」とか「こうなればいいんだ」とか、上からモノを言うのは簡単です。

多くの人たちは、言っていることが大きければ大きいほど、そのことばに期待し、支持します。でも、結局、そこには「本当に人々が望んでいるものは何だろう」「困っている人たちのためにいま何をしなくてはならないのか」という、最も重要な目線と行動力が欠《か》けています。その意味で、中道政党である公明党の在り方は非常に大事なのです。

大きなことを語るより、小さなことでも着実に実現していく。私は、それこそが、政治家や政党のあるべき姿だと考えます。

V
コロナ禍における公明党

国民の生活支援

ここからは、コロナ禍《か》における公明党について触《ふ》れていきます。
二〇二三年五月八日、新型コロナの感染症法上の位置づけが二類から五類へと移行したことで、ようやく我々はコロナ禍から解放されました。この国と、この国の政治に大きな課題を残したこの三年数カ月でした。この間、公明党がどれだけ頑張ってきたのかということは、本当に知られていません。

コロナの感染が拡大した直後から、仕事を失った人たちがたくさん出ました。それとともに、多くの国民の生活も不安定になってしまいました。とくに旅行・観光業や飲食業は悲惨な状態で、国民やその業界の人たちを保護するための緊急対策が求められていました。

そうした中、自由民主党は一家庭あたり三十万円を、所得制限をつけて配ろうとしていました。それに対し、公明党は「赤ちゃんからお年寄りまですべての国民に特別定額給付金として十万円を給付すべき」として、いち早く動いたのです。また、それとは別に生活困窮《こんきゅう》世帯やひとり親世帯に対しては、さらなる支援と現金給付も行われました。

これには、「コロナ禍でも収入

2020年から蔓延した新型コロナウイルスは国民生活に多大な影響を与えた。

が増えた人たちがいる。なぜ、その人たちにまで、お金を配る必要があるのか」などと、さまざまな批判も受けました。でも、私は正しかったと思っています。

もし、給付する国民を選別していたら、当然、膨大《ぼうだい》な時間がかかるし、分断も生まれます。当時の状況では、一刻も早く現金を給付する必要がありました。このおかげでどれだけの人が救われたか。

財源は国の借金ですから、いずれ国は返さなくてはいけませんが、それはそれとして正しかったと考えています。

ただ、私が唯一、公明党に対して言ったのは、「あの給付金に関しては課税対象にすべきだった」ということです。そうすれば、お金持ちは収入が十万円分増えても、その一部を税金として国に返すことになったからです。本当に苦しんでいる家庭は非課税になるので、そのままもらえる。私は公明党の一部の議員にはそのように伝えたけれど、とうとう課税対象にはできませんでした。これは、同じ政権与党である自由民主党の意向があったのかもしれません。

中小企業、個人事業主への支援

また、あのときの中小企業や個人事業主への支援。これこそ、公明党が本当によく動いてくれていました。

まずは、持続化給付金を速《すみ》やかに給付しました。それとともに、家賃支援給付金、一時支援金、月次支援金、事業復活支援金と、コロナ禍で影響を受けているすべての中小企業などに対し、次々と支援策を打ち出しました。これによって多くの中小企業などが倒産や破産を免《まぬか》れました。

また、コロナ禍で最も影響を受けた旅行・観光業や飲食業への支援は、「Go To トラベル」や「Go To イート」という政府による間接的な支援策によって多くの人が助かりました。中小企業も含めた企業の労働者への賃金補償《ほしょう》についても、国は多額の補償を行いました。さらに、政府系金融機関を使って、三年間無利子での金融支援を行いました。矢継《やつ》ぎ早《ばや》に行ったこれら

コロナ禍で落ち込んだ旅行需要を喚起するために1人1泊2万円を上限に旅行代金の半額を政府が補助する観光支援策「Go To トラベル」は大きな経済効果を生んだ。

の政策によって、コロナによる倒産件数も相当、減らすことができました。

政権与党として、こうした政策の多くを実現してきたのは公明党です。非常によくやってくれたと、私は高く評価しています。

これらは国の政策ですが、国とは別に、全国の各自治体でも公明党の地方議員が奔走《ほんそう》し、独自のさまざまな支援策が実施されました。まさに、困っている人たちに寄り添い、助ける公明党の力が発揮されました。

学生や外国人留学生への支援

コロナの感染が拡大する中、飲食店の休業などでアルバイトができなくなり、生活が困難になった大学生や専門学校生から「助けてほしい」という多くの声が私のところに届きました。

すぐに公明党の議員たちに伝えたところ、彼らは速やかに動いてくれ、「学生支援緊急給付金」の交付が実現しました。住民税非課税世帯の学生に対しては二十万円、それ以外の学生に対しては十万円が給付され、約四十三万人の学生が救われました。これがなければ、どれだけ多くの学生が大学や専門学校を去ることになっていたでしょう。

また、当時、沖縄で飲食業界の副会長をやっていた私の友人からも相談を受けました。沖縄には、語学を学ぶために、ネパール、パキスタン、アフガニスタンなど海外から留学してきている学生が非常にたくさんいます。その理由は、沖縄にはたくさんの日本語学校があること。そして、とくに南方の国から来た場合、沖縄が気温や気候などの環境に適応しやすいこと。また、観光業や飲食業を中心にアルバイトもたくさんあることなどです。

ところが、コロナ禍で観光客が激減し、アルバイトができなくなった留学生たちは、ご飯《はん》もまともに食べられない状況になってしまいました。日本に留学するために、母国で借金を背負って、日本語学校にも大変なお金を払っているので、当然、お金の余裕はなく、帰国することもできません。「少なくとも、一食でもちゃんとご飯を食べてもらおう」と、私の友人が飲食業界の心ある仲間たちと一緒にお弁当を配っていました。しかし、それも限界になり、私に連絡をくれたのです。ともかく、早急に何とかしなくてはならないと、公明党の議員たちと話し合いを重ね、外国からの留学生のうち、それぞれの大学や専門学校、日本語学校の教員が認可した学生について、十万円の一時金給付が決定しました。これで助かった外国人留学生がたくさんいます。

留学生をたくさん日本に受け入れて「どうぞ勉強してください」と

言っても、彼らが困っているときに国が手を差し伸べ、面倒《めんどう》を見なければ、将来、日本と諸外国との架《か》け橋になる人材を潰《つぶ》してしまいます。これは留学生を送り出した諸外国との関係悪化まで招きかねない事態だったと思っています。本当に公明党には感謝しかありません。

命と健康を守る公明党

コロナ対策に関しては、アメリカやヨーロッパ各国と比べたら、日本は非常に安定して、うまくソフトランディングができた、成功だったと私は判断しています。

公明党には切り札である医師の秋野公造《あきのこうぞう》参議院議員がいます。感染症対策のスペシャリストでもある秋野さんは、医療の専門家の立場からコロナ治療薬・レムデシビルの特例承認、パルスオキシメーターの配布、海外ワクチンの確保、抗体治療薬や国産飲み薬の実用化に向けて奔走してくれました。

二〇二〇年春、全国でコロナの感染が蔓延《まんえん》し、医療機関の病床《びょうしょう》が逼迫《ひっぱく》する中、国は重症者への治療を優先させるための措置《そち》として、軽症または無症状の人にホテルなどでの宿泊療養《りょうよう》や自宅療養を求めました。しかし、

指先に装着することで血中酸素濃度などを計測できるパルスオキシメーターをホテルや自宅での療養に導入するよう、公明党は国や自治体に強く働きかけた。

この時期、自覚症状がないまま病状が悪化し、自宅で亡くなってしまう感染者もいたのです。こうした事態を防ぐため、秋野さんをはじめとする公明党の議員たちは、クリップ状の装置を指先に挟むだけで血液中の酸素濃度《さんそのうど》を計測できるパルスオキシメーターを必要な人に速やかに配布すべきだと訴《うった》えました。重症化を防ぐためには、早急に推進する必要があったのです。

でも、厚生労働省は及び腰でした。すると、あの温厚な山口代表が机をドンッと叩《たた》いて、「何を考えているのか！」と声を荒らげたと言います。国民の命を守るため、常に真剣勝負で先頭に立っていたのが公明党でした。

公明党はスペシャリストが多い政党です。たとえば、外交のスペシャリストは外務省出身の石川博崇《ひろたか》参議院議員。ほかにも金融、文化、教育、福祉と、専門家の国会議員が適材適所に配置されています。だからこそ、速やかにいろいろな問題が解決できたと私は考えています。

物価高騰から暮らしを守る公明党

二〇二二年二月二十四日、ロシアがウクライナへ軍事侵攻《ぐんじしんこう》を開始しました。これは、許されることではありません。国際社会は、中国など一部の国を除き、結束してこの侵攻を止め、平和を取り戻すために、ロシアに対して経済制裁を課しました。その結果、原油や天然ガスの価格は急騰《きゅうとう》し、小麦や食用油、飼料や化学肥料の価格も高騰しています。そして、私たちの生活レベルでも、ガソリン代や灯油代、電気代が上がっています。それについても、迅速《じんそく》に動いたのは公明党です。

私は、半年前（二〇二二年の冬）にイタリア、ドイツの友人たちと電話で話しました。ガソリン代がドイツでは一リットル＝二百五十円程度、イタリアでは一リットル＝三百円程度と高騰し、電気代についても二倍以上だそうです。彼らは一様に、「多くの人たちが生活に困窮している」と語っていました。

日本でも、ドイツ並みにガソリン代が高騰したら、物流にも影響し、すべての物価が上昇していきます。また、さらに冬場の灯油代が高くなったら、北海道や東北の人たちの生活をどう守るのか。

こうした危機感から公明党の議員は政府を動かし、国からの燃料油価格激変緩和《げきへんかんわ》補助金によってガソリン代を一リットル＝百六十五円程度に据《す》え置く措置を実現しました（二〇二三年九月末まで）。また、毎月の電気代や都市ガス代についても、国からのできるかぎりの援助で日々の生活への影響を少なくしようと奮闘《ふんとう》しています。

VI

明日の公明党

自公連立政権について

一九九九年六月二十八日、自由民主党と自由党（当時）、公明党による「自自公連立」をめざしていた当時の小渕恵三《おぶちけいぞう》首相（自民党総裁）は、自民党役員会の席上、公明党に閣内協力を呼びかけることを正式に表明。七月七日、小渕首相と神崎武法《かんざきたけのり》公明党代表（当時）との党首会談において、首相から直接、公明党に連立参加が要請《ようせい》されたのです。その際、先に連立を組んでいた自民党と自由党との党首会談で、「公明党との新たな協力関係を築くことで合意した」と伝えられました。

これを受けて、〈公明党は党内調整を本格化。党内では異論や懸念《けねん》の声もあったようですが、〈国民の求める政治の安定と改革のリーダーシップを展開していく〉との英断を下《くだ》し、七月二十四日の臨時党大会において連立政権に参加する方針を決定しました。

　こうして、この年の十月五日、自自公の三党による連立政権が樹立。その後、自由党が連立を解消し、同党を離党したメンバーによる保守党との自公保連立などを経て、二〇〇三年十一月以降は自民党と公明党による自公連立政権が政治の中枢《ちゅうすう》を担《にな》ってきました。それは、二〇〇九年から約三年にわたる

初の連立政権を組むにあたり、首相官邸で政権合意書に署名する小渕恵三首相（前列中央）と神崎武法公明党代表（前列右）。（1999 年 10 月）

民主党政権時代においても変わることなく、自公両党は選挙協力を維持《いじ》し続けてきたわけです。こうした関係は、今年で二十四年目に入ります。

ここで、二〇一一年、東日本大震災当時の政権の混乱を思い出してみてください。もしも、あのまま民主党政権が続いていたら、この国はどうなっていたでしょうか。

自公連立政権については、さまざまな意見があります。

平和を愛する党・公明党がなぜ、与党に入って、憲法を改正して第九条の改正を含めた自衛隊の国軍化などをやろうとしている自由民主党と一緒に政権を維持していくのか。公明党支持者の中にも、多くの意見を持っておられる方が存在することは、私も承知しています。

しかし、私は自公連立政権を高く評価しています。

皆さん、政府を家庭として考えてみてください。自由民主党というのはお父さんなのです。言い過ぎかもしれませんが、やんちゃで、ちょっとわけのわからない、暴力的なお父さん。そして、公明党というのは、やさしい、やさしいお母さんなのです。

お父さんは外交政策や経済政策、国防を含めた外部のことをやっていく。でも、どうしても足元が見えない。だから、一挙に危険な行動に出ようとするときには、「ちょっとやめなさい、お父さん！　それは行き過ぎでしょう」とお母さんが諫《いさ》めなくてはなりません。

多くの地方議員を抱《かか》える公明党「チーム３０００」は、お母さんのように、本当に汗水《あせみず》流しながら、全国すべての場所で本当に困っている人に寄り添い、小さな声を聴いていく。

このお父さんとお母さんの力が合わさることによって、声なき声から外交まで含めた国としての政策をきちっとやれることが、自公連立政権の非常によい点だと思っています。

迫り来る戦争の足音

現在、どんどん世界がきな臭《くさ》くなっています。

北朝鮮は五十数発の核弾頭を持ち、日本に届くミサイルも百数十発保有しているといわれています。国際社会が経済制裁をしても、一向に止めようとはせず、まだ武力を増強しようとしています。

また、中国は、日本の尖閣諸島《せんかくしょとう》に公船を侵入させ、日本を牽制《けんせい》しています。台湾に対しても、いつ中国が軍事侵攻してもおかしくないような状況になっています。ましてヨーロッパでは、ロシアのウクライナへの軍事侵攻から一年以上が経過し、すでに両国間の全面戦争という状況まできています。

このような本当に不安定かつ不確定な状況下で、日本が他国の戦争に巻き込まれず、平和を維持してきたのは、自公連立政権があって、とくに公明党が自民党の暴走を止めてきたからだと私は考えています。

たとえば、二〇一六年三月に施行された平和安全法制を見ても、国際平和支援法に基づく自衛隊の海外派遣に関し、「例外なき国会の事前承認」を盛り込むなど、与党協議の場で公明党が健全なブレーキ役を果たしました。また、他国防衛を目的とする集団的自衛権は認めない「自衛の措置としての武力の行使の新三要件」など、公明党の主張が随所に盛り込まれ、憲法九条の精神が守られています。

平和安全法制について、一部野党は「戦争法」と批判していますが、これによって自衛隊が平時から米軍などと共同訓練ができるなど、国際社会の安定と平和に向けた日本の貢献が進んでいます。

公明党が与党として政権内にいたからこそ、平和・福祉・教育を含めた具体的な政策ができたのです。野党の立場にいたらできませんでした。その意味では、失ったものより得たものが多かったと思っています。

でも、実はいま、そこが問わ

一貫して反核・軍縮の世論形成に大きな役割を果たしてきた公明党は1982年2月から核兵器廃絶を訴える署名運動を活発に展開。1600万人余に上る署名簿を同年6月10日にニューヨークの国連本部前広場でデクエヤル国連事務総長に手渡した。写真は渋谷駅前で署名を呼びかける公明党議員。(1982年3月)

れています。どういうことなのか。

ご存じのとおり、日本は世界で唯一《ゆいいつ》の被爆国です。原爆によって、罪もないどれだけの人間がヒロシマとナガサキで殺されたのか、その悲惨な体験の中で、戦後、我々の先輩たちはまず、非核三原則（核兵器を持たない・つくらない・持ち込ませない）の誓いを立て、世界に対して核というものの悲惨さを語って、核のない世界をつくろうと決めました。

また、我々の先輩たちは、あの悲惨な戦争の後、日本国憲法の中で、「私たちの国はもう二度と他国を侵略したり、他国の人を戦場で殺さない。私たちの大事な若者たちを戦争では死なせない」と決めたのです。

我々教員の先輩たちも、戦後、「二度と教え子を戦場に送らない」と誓いました。それがいま、非常に危なくなってきています。

二〇二二年の参議院選挙のとき、日本維新の会の幹部がとんでもない発言をしました。北朝鮮による核開発、長距離ミサイル開発に対抗して、「非核三原則を撤廃《てっぱい》して、日本にアメリカの核を置く」と。

ところが、この発言に反対する国民や政党の少なさに私は、愕然《がくぜん》としました。マスコミも、とくに大きな問題とすることなく、国民の間でも大きな問題とはなりませんでした。

あの戦争で、日本では三百万人もの国民が亡くなっています。アジア全体の国々では二千万人以上と言われています。そして、その反省の中で、日本は世界平和をリードする、平和を基調とした非武装中立国となると誓ったはずなのです。それがいま、破られようとしています。

この日本維新の会幹部の発言の根底にあるのは、実は暴力団的論理なのです。

「相手がドス（短刀《たんとう》）を持ったら、こっちもドスだ」

「相手がチャカ（拳銃《けんじゅう》）を持ったら、こっちもチャカだ」

「相手が核（兵器）を持ったら、こっちも核を持ってやれ」

「相手が撃《う》ってきたら、こっちも撃ってやれ」

さも当たり前に思う人も多いと思います。やられたらやり返すのは当たり前、やられる前にやるのも当たり前と。でも、その前にやるべきこと、やらなくてはならないことがあるのではないでしょうか。

血と汗と涙がつくる平和

わが国は五五年体制の中でも平和のために努力をしてきました。

中国との関係を見ても、一九七二年の日中国交正常化は、まさに公明党がリードしてつくり上げたものです。そういう平和のための努力をしないで、ただ「相手が向かってくるなら、こっちも受けて立つ」のであれば、戦争をするしかなくなります。

こうした背景にあるのは、国民の意識が変わってきていることです。若い人たちはとくにそうですが、平和はごく普通のものであって、平和な日常を当然だと思っています。とんでもないことです。平和ほど、たくさんの血と汗と涙と日々の努力がなければ維持できないものはないのです。それを、いままで必死に維持してきました。

しかし、それがいま、危なくなってきています。このままでは、アジア地域における戦争も起きる。ヨーロッパでも第三次世界大戦が起きることになるのです。

平和か、戦争か

いま、私は危機感を抱《いだ》いています。危険な考え方を持つ日本維新の会が、どんどんその勢力を広げています。彼らと同様の考え方を持つ国会議員も増えています。自由民主党では、ほとんどの議員がそう考えているでしょう。野党の立憲民主党や国民民主党の中にも、このような考え方を持つ議員はたくさん存在します。

皆さんは、自由民主党がなぜ、二十四年間にわたって公明党と選挙協力をしてきたのかわかりますか。一つの理由は、選挙で一つでも多くの議席を獲得したいからです。公明党の選挙協力がなければ、多くの選挙区で自由民主党は野党に議席を奪《うば》われます。もう一つの理由は、憲法改正です。彼らは国会で三分の二の議席がほしいわけです。国会議員の三分の二以上の賛成がなければ、憲法改正の発議ができないからです。

しかし、彼らにとって大切なパートナーである公明党は、憲法改正についていて、自由民主党の主張をすべては認めていません。一部改正しなくてはならない部分があることは認めていますが、第九条や前文を含めた平和に対する項目に関しては、その改正を認めない議員が多いのです。なぜなら、「平和の党・公明党」ですから。

そのため、自由民主党の中でも憲法改正を急ぎたい勢力にとって、公明党は必要ではあるけれど、邪魔《じゃま》な存在でもあるわけです。

そうした中でいま、日本維新の会が勢力を拡大しています。その日本維新の会の幹部が、「非核三原則を一部撤廃する」と発言したことで、心を動かされた自民党議員がたくさんいます。

また、日本維新の会は、当初から憲法改正を公約に入れている改憲政党です。自由民主党の少なくない数の議員たちは、「公明党との連立を解消し、日本維新の会と連立を組んで、憲法改正へと進むべきだ」と考えています。

憲法改正の後に起こること

憲法改正で最も焦点《しょうてん》となるのは第九条の改正です。

第九条
日本国民は、正義と秩序を基調とする国際平和を誠実に希求し、国権の発動たる戦争と、武力による威嚇《いかく》又は武力の行使は、国際紛争を解決する手段としては、永久にこれを放棄《ほうき》する。
2 前項の目的を達するため、陸海空軍その他の戦力は、これを保持しない。国の交戦権は、これを認めない。

憲法改正の論点は、「戦争放棄」「戦力不保持」「交戦権の否定」です。いま、日本維新の会や自由民主党の多くの議員は、この部分を変えようとしています。どのようにするのか。

簡単に説明すれば、「自衛隊を軍隊にしよう」「この国を自立して戦える国にしよう」「非核三原則は一部廃棄《はいき》し、アメリカとの同盟の中で、抑止力《よくしりょく》としての核兵器を日本も持とう」としたいのです。

それでは、その後には何があるのでしょうか。

それは、まさに「徴兵《ちょうへい》」です。極論だと嘲笑《ちょうしょう》されるかもしれませんが、私は、その可能性はあると考えています。

現在、自衛隊は二十数万人しかいません。たしかに、世界有数の近代兵器を持っていますから、局地的な他国の侵攻に対しては十分、守り切れる勢力です。しかし、他国と全面戦争になった場合にはどうでしょう。

現在の政府の想定では、同盟国であるアメリカ軍の力を借りることによって、その不足分を補うということになっています。いまは大丈夫でしょうが、万が一、アメリカがかつてのような孤立主義の立場を取った場合に備えて、平時に若者たちを徴兵し、銃《じゅう》や兵器の使用方法を教えておこうとしているのではないでしょうか。

ウクライナを見てください。ロシア侵攻後、ゼレンスキー大統領が最初に行ったのは総動員令です。ウクライナには徴兵制度が存在します。徴兵によって軍務の経験があれば、有事になれば即戦力として、すぐに銃や兵器を使用することができるからです。

正義の戦争か、不正義でも平和か

よく私にこう言う人がいます。

「先生は、不戦、不戦と言うけれど、じゃあ、敵が攻めてきたら、殺さ《せ》れてもいいのか」「あなたは外国が攻めてきたら、〈よくいらっしゃいましたね〉というのか」と――。

かつて、俳優の菅原文太《すがわらぶんた》さんから「若手の政治家と話をしたい」と依頼され、自由民主党、民主党（当時）、公明党などの若手議員たちと懇親会を持ったことがあります。

ちょうど尖閣諸島で中国の密航船が動いているときで、自由民主党の若手議員が「自衛隊を出して一発ぶっ放《ぱな》してやればいいいんだ」と言いました。酒の席だったこともあるでしょう。

でも、その瞬間に文太さんの顔色が変わりました。

「おい、若造《わかぞう》、お前が行くのか？　一発ぶっ放したら、向こうもぶっ放してくるぞ。自衛隊員が死ぬことになるぞ」

その議員が、「日本の名誉のためにも、そのままにはしておけない」と言うと、「お国の名誉のため？　お前はバカか！　名誉なんてものはいつでも取り戻すことができる。でも、失われた命は二度と取り戻すことができない。お前は国会議員だろう。お前が守るのは何なんだ。国民の命なのか、名誉なのか！」と、文太さんに一喝《いっかつ》されました。

私は、まさにそこに平和の本質があると思います。

実は昨年、ロシアがウクライナに侵攻したとき、「ゼレンスキー大統領は亡命《ぼうめい》してくれ」と言った日本の論客《ろんきゃく》が二人います。

一人は私で、もう一人は元大阪府知事の橋下徹《はしもととおる》氏です。私は彼のことはあまり評価していませんが、この件については、賛同しました。

ゼレンスキー大統領が引かない限り、ロシアは攻め続けるでしょう。戦いになれば、たくさんの人が亡くなります。いまも何十万人という人たちが死傷《ししょう》しています。ゼレンスキー大統領がいなくなれば、ウクライナにはロシアの傀儡《かいらい》政権がつくられて、そこからまた独立を果《は》たすまでには十数年あるいは数十年かかるでしょう。でも、少なくても殺されるのは主要な幹部や上の人間であって、庶民は殺されない。戦うことに比べたら、犠牲になる人の数ははるかに少ない。

私は、すべての人が、発想の転換をしなくてはいけない時期にきていると考えます。

だれのための戦争なのか。たしかにロシアがウクライナに攻め込むことは根本的な間違いで、あんなことは許してはいけない。侵略です。国際法に違反する犯罪です。だからといって戦ってしまったら、どれほどの人間が命を失うことになるのか。それを考えなければならない。「名誉のため」とか「国のため」じゃない。国民の命を守るためにはどうすればいいのかを考えられるのは、いまや公明党しかないのです。

平和の公明か、戦争の維新か

日本維新の会の議員数が増え、自由民主党と日本維新の会で国会議員数が三分の二を超えれば、一気に憲法改正に入っていくでしょう。そうなったら、この国は戦う国になってしまいます。

私は、この国を戦う国にしたくない。自国の平和だけではなく、世界に平和を伝え導《みちび》く国にしたい。いまの日本ならできるはずです。

そのためにも公明党は負けるわけにいきません。ですから、私は選挙のたびに身を粉《こ》にして公明党のために動き回っているのです。まさに大きな分水嶺《ぶんすいれい》となるのが次の衆議院選挙だと思います。

日米安保、憲法改正、自衛隊の国軍化、非核三原則の問題については、そろそろ公明党も立ち位置を決めて、明確に動かなくてはならない時期が来ていると思います。

これについては、公明党支持者の中でも意見が二分されています。どちらが正しいかではなく、この国がどうあるべきかということをみんなで考えていけばよい。私は、これが、本当の中道政党・公明党のあるべき姿だと思います。公明党には、世界の平和をリードする政党になってほしいと願っています。

有言実行の公明党

もう一つ、私が感じているのは、公明党は有言実行の党であるということです。他の党は口だけのことが多い。それに対して、本当に言ったこと（＝公約）を一つひとつ実現していくのが公明党です。でも、それを数多く実現できるのは、やはり自由民主党と連立政権を組んで政権与党にいることとの強みだと、私は考えています。

コロナ対策で多額の借金をつくってしまった日本における今後の課題は増税です。その増税についても、どのような方向に向かうのか。

コロナ禍《か》でも儲《もう》けた人や儲けた会社はたくさんあります。そういうところからきちんと税金を多く徴収して、コロナ禍で苦しんだところからの税率は低く抑《おさ》える。これからの増税の中で、公明党が貧困世帯を含めた低所得世帯を保護できるかどうか。この点は多くの国民から注視されています。弱者を守るために楔《くさび》を打つことができるのは、公明党以外にはありません。

また、貢献者《こうけんしゃ》（高齢者）に対する手厚さがちょっと足りません。健康保険の負担増の問題や年金の問題など、もう少し貢献者を手厚く保護してほしいという思いがあります。さらに、障がいを持つ人たちやLGBTQ（性的少数者）の人たちなど、マイノリティー（少数者）に対する問題については、公明党はこれまでも本当に頑張ってくれていますが、同性婚を認めるなど、差別をなくすための法整備をもっと加速させ、具体的な形で方向性を示してほしいと思います。

実は、障がいを持つ人の数が、この十～二十年ですごく増えてきています。増えていることがいいとか悪いとか言っているわけではありません。障がいを持っていても、それはその人の個性です。すべてをみんなで認め、受け入れて、ともに生きていけばいい。でも、その人たちに対する教育機関である特別支援学校・学級は充足しているのでしょうか。就労支援などについても、さらに手厚い福祉政策を考えてほしいと望みます。

公明党への期待

現在、非組織労働者は零細《れいさい》企業の労働者を含めて相当、困難な状況に置かれています。原材料、光熱費の高騰《こうとう》の中で、価格を抑えるために、大企業が中小企業や零細企業をいじめています。これまでも、この問題について公明党はしっかりと取り組んでいます。

私の親友の浜田昌良《はまだまさよし》前参議院議員は、もともと経済産業省の役人ですから、彼が議員時代にどれだけ多くの零細企業や中小企業の経営者に会ってきたか、その保護のために活動してきたかを私は見てきました。また、東京都大田区など、町工場や中小零細企業の立ち並ぶ地域を、東京都議も含め、公明党の議員たちがどれだけ回っているかもわかっています。しかし、さらなる支援が必要だろうと思います。

日本の農業、水産業、林業の保護活性化については、いままで公明党は手薄だったという気がしています。農業をもっと活性化させ、食糧の自給体制をきちんとしておかないと、輸入ができなくなったとき、大変なことになります。それを含めて十年後、二十年後、五十年後を見据《みす》えた日本の農業の在り方、水産業や林業の在り方を問うべきです。

これに関しては、自由民主党と戦わなくてはならないと考えます。日本の農業保護というのは、農村の人たちの票を取るために相当、無理に無理を重ねてきたものです。矛盾《むじゅん》している部分がたくさんあります。それを正すことができる可能性があるのは、公明党しかないでしょう。

また、私は現在の公明党が一番弱い部分は、外交だと考えています。かつて、日中国交正常化を導いたような成果をあげてほしい。外交という点では、公明党には、優秀な人材はたくさんいます。自由民主党に任《まか》せている部分があって、なかなかイニシアチブを取れないという事情もあるのでしょうが、平和外交という意味での中国とのパイプ、あるいは韓国・北朝鮮との関係を含め、平和のために、さらに公明党には頑張ってもらいたいと期待しています。

あとがき

私は、この三十二年間、夜の世界を彷徨《さまよ》ってきた人間です。かつては、毎晩、いまは週末、夜の街を朝まで歩き回り、夜の世界の子どもたちに声をかけ、昼の世界に戻してきた人間です。

また、二十二年前には夜の暗い部屋で明日を見失い、リストカットを繰り返し、死へと向かう子どもたちの存在に気づきました。その大切な命を守るため、夜回りをしない夜の時間は、「子どもたちの命の相談」に答える時間です。ある意味で、私は夜眠ることの許されない人間です。

三十二年も夜の世界を生きてきたわけですから、当然、夜の世界の主人公である暴力団とも数え切れないぐらいぶつかってきました。それでも、殺されることなく生きぬいてきました。

どうして生き残れたのか、皆さんはわかりますか。

その理由は簡単です。

私は、夜の世界で生きる人たちや子どもたちを否定したり、叱《しか》ったりしたことは一度もありません。夜の世界の大人たちも子どもたちも、本当は、みんな昼の世界で明日を夢見て幸せに生きたいのです。ところが、家庭環境やひどい大人たちとの出会い、貧しさの中で、昼の世界から捨てられてしまったのです。彼らを捨てたのはだれでしょう。

私は、私たちがつくってしまったこの社会だと考えています。そして、その社会の一員である私も、彼らを夜の世界に追い込んだ加害者の一人だと考えています。だからこそ、彼らを叱ることなどできなかったのです。加害者の一人である私にとって、夜の世界でできることは、彼らに寄り添い、ともに生き、何とか明日への夢を再度つくり出すことしかありませんでした。

忘れることのできない思い出があります。もう二十年以上前、私が東京・渋谷で夜回りをやっていたときの出来事です。

当時、渋谷を仕切っていた暴力団の組長とセンター街で鉢合《はちあ》わせしました。彼は私に言いました。

「先生、少し話をしよう」

二人で近くの公園に行き、缶コーヒーを飲みながら話をしました。

「先生はおもしろい人だな。夜一人で街を回ってガキたちと付き合っている。先生ならもっと楽《らく》な生き方ができるだろうに。こんな生活をしている俺だけど、若いころに先生と出会っていたら、もっとまっとうな生き方ができたかもしれないいな」

「まだ間に合うよ」

彼はいま、私の関係する、親のいない・親から捨てられた子どもたちの施設の施設長をやっています。小指の先は失っていますが、子どもたちに愛され、いつも笑顔で生きています。

皆さんに知ってほしい。

好きで夜の街で生きる子どもたちはいません。

好きで悪さをする子どもたちもいません。

好きでだれかをいじめたり傷つけたりする子どももいません。

本当は、どの子どもたちも、温かい家庭で、親たちのやさしさの中で生きたいのです。本当は、どの子どもたちも、学校で、やさしくたくさんの夢を語ってもらって生きたいのです。

夜の世界の子どもたちは、人間たちは、捨てられた人たちです。捨てているのは、いったいだれなのでしょう。


皆さん、ここまでこの本を読んでお気づきになりませんか。

実は、夜回り先生・水谷修と公明党は非常に似ています。

私の場合、活動場所は夜の世界ですが、公明党の場合、昼の世界です。公明党「チーム3000」の議員たちは日々、靴底《くつぞこ》をすり減らして、自分自身の地域を歩き回っています。

「困っている人はいないか」「泣いている子どもはいないか」「その日の暮らしに苦しんでいる貢献者《こうけんしゃ》（高齢者）はいないか」「危険な場所はないか」「できることはないか」と。

そして、問題を見つけた場合は、その解決のために速《すみ》やかに、みんなで協力して全力で動いています。困っている人たちを責めることなく、否定することなく、まずは温かく受け止め、寄り添い、幸せにしようと。

まさに、昼の世界の夜回り先生、これが公明党なのです。だからこそ、私は、私の人生最後の力を振り絞って、公明党を応援しています。

そうだ！　最後に一言、言わせてください。

夜回り先生はおもしろい。

でも、公明党は、もっとおもしろい。

二〇二三年六月

水谷　修

水谷 修（みずたに・おさむ）

1956年、神奈川県横浜市生まれ。上智大学文学部哲学科を卒業後、83年に横浜市立高校教諭となる。2004年９月に退職。在職中から子どもたちの非行防止や薬物汚染防止のために「夜回り」とよばれる深夜パトロールを行っているほか、メール・電話による相談を続け、全国各地での講演活動も展開している。

公明党《こうめいとう》はおもしろい

2023年9月15日　初版第1刷発行

著　者　水谷《みずたに》　修《おさむ》
発行者　大島光明
発行所　株式会社　第三文明社
東京都新宿区新宿 1-23-5
郵便番号　160-0022
電話番号　03（5269）7144（営業代表）
03（5269）7145（注文専用）
03（5269）7154（編集代表）
URL　https://www.daisanbunmei.co.jp
振替口座　00150-3-117823
印刷・製本　中央精版印刷株式会社

ISBN 978-4-476-03417-2

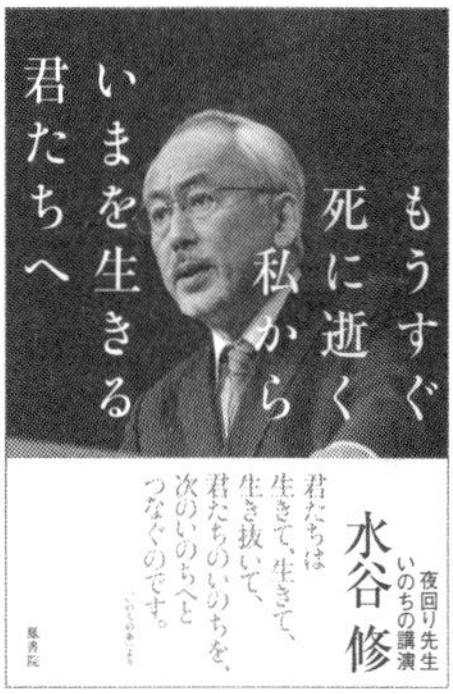

第三文明社
水谷修の本

夜回り先生　水谷修が見た公明党

書籍
電子書籍

小さな声を聴く力——。夜回り先生と公明党「チーム3000」が、子どもたちの幸福のために奔走。地道な作業の積み重ねが、やがて国を動かし、さまざまな変革へと前進していく。1,320円（税込）

たかがニュース されどニュース
——報道から見える現在の日本——

書籍
電子書籍

令和元年から2年までに報道された国内ニュースについて、夜回り先生が考察。現実と真摯に向き合い、時に憤り、また反省しながら、現代の報道のあり方を問いかける。1,320円（税込）

もうすぐ死に逝く私から いまを生きる君たちへ

電子書籍

66歳になった夜回り先生が、どうしても子どもたちに伝えておきたい「生命の尊さ」「平和の大切さ」について、「いのちの講演」として魂を込めて語る。1,210円（税込・参考価格）　紙版書籍＝鳳書院刊1,500円（税込）